John S. Feinberg

Wie aus heiterem Himmel

John S. Feinberg

Wie aus heiterem Himmel

Wenn plötzlich eine schwere Krankheit
den Glauben einer Familie
auf die Probe stellt

BRUNNEN
VERLAG GIESSEN · BASEL

ABCteam-Bücher erscheinen in folgenden Verlagen:
Aussaat Verlag Neukirchen-Vluyn
R. Brockhaus Verlag Wuppertal und Zürich
Brunnen Verlag Gießen und Basel
Christliches Verlagshaus Stuttgart
Oncken Verlag Wuppertal und Kassel

Titel der amerikanischen Originalausgabe:
Deceived By God

Published by Crossway Books
A division of Good News Publishers
Wheaton, Illinois 60187, USA

This edition published by arrangement
with Good News Publishers.

Aus dem Amerikanischen von Irene Jung
Lektorat: Hartmut Schweitzer

Umschlagmotiv: The Stock Market, Düsseldorf
Umschlaggestaltung: Ralf Simon
Satz: Brunnen DTP
Herstellung: Ebner Ulm
ISBN 3-7655-3616-4

Inhalt

Wie aus heiterem Himmel

Eigentlich wollte ich dieses Buch nie schreiben. Und wenn es möglich wäre, so würde ich mir wünschen, dass ich die Erfahrungen, die ich hier beschreibe, nie hätte machen müssen. Aber oft ist Gottes Plan anders, als wir uns das wünschen.

Während ich an der Überarbeitung meiner Doktorarbeit über das Problem des Bösen saß, ereigneten sich die Geschehnisse, die ich in diesem Buch berichte. Es war lange Zeit sehr schmerzhaft für mich, auch nur darüber nachzudenken, was eigentlich passiert war, geschweige denn darüber zu sprechen oder zu schreiben. Aber nach einiger Zeit gab mir Gott die Kraft, über das zu sprechen, was sich in unserer Familie ereignet hatte und was ich dadurch gelernt habe. Als ich erleben durfte, wie positiv viele Menschen darauf reagierten, war ich mehr und mehr davon überzeugt, dass es meine Aufgabe sei, mein Erfahrungen aufzuschreiben.

Es gibt mittlerweile viele Bücher, die sich mit der Frage auseinander setzen, warum Gott Leid zulässt und was er uns damit sagen möchte. Ich habe sie jedoch weder zitiert noch erwähnt, weil ich glaube, dass das, was meiner Frau und unserer Familie passiert ist, in verschiedener Hinsicht einzigartig ist. Es ist eine sehr persönliche Geschichte, die ich auch gerne für mich behalten hätte. Gottes Führung und die Ermutigung anderer Menschen haben mir jedoch klargemacht, dass ich diese Erlebnisse weitererzählen sollte – aber es sollte meine Geschichte sein, die ich mit meinen Worten erzählen wollte. Wenn es nur darum ginge, das zu wiederholen, was andere bereits gesagt haben, so wäre dieses Buch überflüssig. Es ist schließlich auch kein theoretisches Sachbuch, sondern ein persönliches Zeugnis, wie Gott an mir und meiner Familie gehandelt hat.

Selbstverständlich wäre dieses Buch ohne die liebevolle Unterstützung meiner Frau und meiner Familie nicht zustande gekommen. Da die Geschichte nicht nur von mir, sondern von meiner ganzen Familie handelt, hätte ich sie ohne deren Zustimmung und Ermutigung nicht an die Öffentlichkeit gebracht. Darüber hinaus glaube ich, dass das bewegende Nachwort meiner Frau Ihnen in Zeiten der Prüfung und des Leides Mut zusprechen wird.

Mein Ziel ist es, denen zu helfen, die leiden und die aus diesem Grund mit Gott ringen. Ich hoffe, dass dieses Buch auch jenen hilft, die den Leidgeprüften beistehen.

Das Problem

Viele Christen haben den Wunsch, Gottes Willen für ihr Leben zu erkennen und ihm zu gehorchen. Aber ist es überhaupt möglich, Gottes Willen für unser Leben zu erkennen?

Zeigt uns Gott seinen Willen, wenn wir danach fragen? Hält er manchmal Informationen zurück, um uns dazu zu bringen, seinen Willen zu erfüllen? Ist es möglich, dass man Gottes Willen erkennt und auch tut, nur um dann feststellen zu müssen, dass Gottes Wille großes Leid und Unheil in unser Leben gebracht hat? Würde das dann nicht bedeuten, dass Gott uns getäuscht hat?

Undenkbar, werden Sie antworten! Das kann nicht sein. Solche Fragen kann man getrost vergessen, weil Gott so etwas nie tun würde. Die Bibel sagt uns, dass wir im Gebet nach Gottes Willen fragen sollen. In der Tat hat Jesus seine Jünger aufgefordert, Gott zu bitten, dass sein Willen geschehe, „wie im Himmel so auch auf Erden“ (Matthäus 6,10). Und so sind auch wir Christen aufgefordert, darum zu bitten, dass sein Wille im Leben jedes Einzelnen geschieht. Nach dem Apostel Johannes dürfen wir uns darauf verlassen, dass Gott unsere Gebete erhört, wenn wir ihn um etwas bitten, was seinem Willen entspricht (1. Johannes 5,14-15).

Das ist es also: Wir müssen Gottes Willen herausfinden und dementsprechend beten. Aber wenn wir auf diese Weise beten, würde uns Gott dann etwas Böses antun? Wie sagte doch schon Jesus:

„Wenn ein Kind seinen Vater um ein Stück Brot bittet, wird er ihm dann einen Stein geben? Wenn es um einen Fisch bittet, wird er ihm etwa eine giftige Schlange anbieten? Wenn schon ihr hartherzigen, sündigen Menschen euern Kindern Gutes gebt, wie viel mehr wird euer Vater im Himmel denen gute Gaben schenken, die ihn darum bitten!" (Matthäus 7,9-11)

Klar, wenn Gott seinen Willen offenbart und wenn wir danach handeln, werden wir vom Leiden verschont. Gott würde uns keinen Stein geben, wenn wir ihn um ein Stück Brot bitten, und keine Schlange anbieten, wenn wir um Fisch bitten – vor allem dann nicht, wenn unsere Bitten seinem Willen entsprechen. Gedanken, die im Widerspruch dazu stehen, müssen absurd, wenn nicht gotteslästerlich sein. Sich so etwas vorzustellen, ist undenkbar – ja geradezu unmöglich.

Oder etwa nicht? Den größten Teil meines Lebens habe ich nicht einmal im Traum daran gedacht, solche Fragen zu stellen. Ja, ich wusste, dass guten Menschen schlimme Dinge widerfahren. Ich habe lange überlegt, warum Gott es zulässt, dass wir Leiden erleben, obwohl er uns doch eigentlich liebt. Ich habe darüber nachgedacht, ob ich zu ihm stehen würde, wenn er meine Treue mit schweren Prüfungen belohnte. Die Vorstellung, diese Prüfungen würden auch dann kommen, wenn ich bewusst nach Gottes Willen lebte, war mir fremd.

Ich hätte nie gedacht, dass Gottes Handeln auch beinhaltet, dass er einen Menschen dazu bringt, seinen Willen zu tun und ihm dabei dennoch Informationen vorenthält. Ist das nicht eine bewusste Irreführung oder sogar Täuschung und besonders grausam, wenn wir, obwohl wir Gottes Willen tun, in schmerzvolle Situationen geraten? Wer würde glauben, dass Gott sich so verhält, um seinen Willen durchzusetzen?

Und doch passierte vor einigen Jahren etwas, das mich dazu brachte, diese Fragen zu stellen und das Undenkbare zu denken. Mein ganzes Leben lang habe ich mich mit dem Problem des Bösen beschäftigt – mit der Frage, warum es Unheil und Leid in unserer Welt gibt. Ist Gott nicht jemand, der uns liebt und der mächtig genug ist, um es zu verhindern? Darum schrieb ich meine Doktorarbeit in Philosophie über das Problem des Bösen. Mir wurde bewusst, dass es einen Unterschied gibt zwischen der theoretischen Frage, warum das Böse überhaupt existiert angesichts eines liebenden, allmächtigen Gottes, und der Frage nach dem Unheil, das jedem Einzelnen widerfahren kann. Philosophen und Theologen versuchen wissenschaftlich zu ergründen, wie das Böse in unserer Welt bestehen kann, wenn es einen liebenden, allmächtigen Gott gibt.

Wer eine schmerzhafte Erfahrung durchmacht, läuft Gefahr, seine Beziehung zu Gott zu verlieren.

Das persönliche Erleben des Bösen ist eine andere Dimension. Diejenigen, die eine schmerzvolle Erfahrung durchmachen, laufen Gefahr, durch ihr Leiden ihre Beziehung zu Gott zu verlieren. Für sie ist es schwer, Gott zu danken und ihm treu zu bleiben. Es kann sogar sein, dass sie ihren Glauben ganz aufgeben. Dieser persönliche Kampf mit dem Bösen ist etwas völlig anderes als die Frage nach dem Bösen im Allgemeinen. Ein solches Problem braucht nicht wissenschaftliche Erklärungen, sondern seelsorgerlichen Zuspruch.

Die Frage nach dem Bösen war für mich immer ein zentrales Argument, warum Nicht-Christen Gott ablehnten. Und ich wusste, dass sie auch Christen im Glauben erschüttern kann. Aber ich war überzeugt, dass eine befriedigende Erklärung, warum Gott das Böse in der Welt nicht verhindert, ausreichend sein müsste, um die nötige Kraft zu geben, den Schicksalsschlägen standzuhalten. Wenn man den Leidenden deutlich machen könnte, was Gott an Positivem gerade in dieser schwierigen Situation in ihrem Leben bewirkt, dann müsste das doch zur Folge haben, dass sie Gott für ihre Prüfungen danken. Dessen war ich mir sicher.

Wenn ich erlebte, wie andere wegen eines Schicksalsschlages mit Gott haderten, so war ich ungeduldig und konnte nicht verstehen, warum sie nicht wieder zu Gott fanden. Ich war zwar auch der Meinung, dass Leidende seelsorgerlichen Zuspruch benötigten, aber ich dachte, dass ein großer Teil der Seelsorge darin bestand, ihnen zu erklären, was Gott mit dem Bösen in der Welt bezweckte. Vielleicht – so meinte ich – bedurfte der persönliche Kampf mit dem Leiden keiner philosophischen Einsicht, aber eine gesunde Portion intellektueller Argumente könnte trotzdem nichts schaden.

In den letzten Jahren habe ich meine Meinung grundlegend geändert, besonders weil ich mit ansehen musste, wie meine Frau und meine Familie von einem Unheil tief getroffen wurden. Wenn diese Dinge nicht geschehen wären, hätte ich dieses Buch nicht schreiben können. Ich war der Meinung, dass es ausreichen würde, lediglich erklärende Antworten zu geben, um mit dem Leid, das einem persönlich widerfahren ist, umzugehen. Und so war es lange Zeit für mich sehr schwer, über das zu sprechen, was uns widerfahren ist – geschweige denn, darüber zu schreiben.

Was also hatte meine Denkweise so grundlegend verändert? Lassen Sie mich Ihnen meine Geschichte erzählen. Wie viele hatte ich eine normale Kindheit, ging zur Schule, heiratete und begann meine Berufslaufbahn einigermaßen problemlos. Sicher gab es hier und da Schwierigkeiten auf diesem Weg, wie das bei den meisten Menschen der Fall ist, aber keine größeren Katastrophen und keine wirklichen Tragödien. Ich wusste, dass Christen auch mit Leid rechnen müssen, und so erwartete ich, dass noch mehr Schwierigkeiten kommen würden. Vermutlich wären sie nicht schlimmer als das, was ich bereits durchgemacht hatte: ärgerlich, frustrierend und bis zu einem gewissen Grad schmerzhaft, aber nichts, was einen total aus der Bahn wirft. Außerdem dachte ich, dass einen Christen, der schon einen gewissen Grad geistiger Reife erreicht hat, auch wirklich große Probleme nicht vom Weg des Glaubens abbringen können. Sicherlich gibt es zeitweise Rückschläge in der Beziehung zu Gott, aber die sind doch in der Regel schnell überwunden.

All dies änderte sich für mich am 4. November 1987, als ich etwas erfuhr, das den schlimmsten Alptraum übertraf. Meine Frau Pat hatte schon einige Jahre gewisse körperliche Beschwerden. Sie waren nicht schmerzhaft und wir dachten beide nicht daran, dass es sich um ein wirkliches Problem handeln könnte. Wir konnten die Symptome nicht zuordnen. Mit den Jahren wurden die Beschwerden schlimmer. Wir waren entschlossen, die Ursache herausfinden und sie beheben zu lassen. Meine Frau ging also eines Tages zum Neurologen, der sie untersuchte und eine Diagnose stellte. Als Pat vom Arzt nach Hause kam, sah ich sofort, dass etwas nicht stimmte, aber ich hätte nie mit dem gerechnet, was sie mir dann erzählte. Der Arzt hatte bei ihr die Huntingtonsche Krankheit festgestellt.

Bis zu diesem Zeitpunkt hatte ich noch nie von dieser Krankheit gehört. Es handelt sich um eine dominant erbliche Erkrankung des zentralen Nervensystems, die schwere psychische Veränderungen und Bewegungsstörungen auslöst, wobei das Gehirn in bestimmten Bereichen schwindet. Gehirnzellen fallen einfach aus. Die Symptome sind sowohl körperlicher als auch psychischer Natur. Körperlich zeigen sie sich in einem fortschreitenden Verlust der Kontrolle über alle willkürlichen Bewegungen. Die psychischen Symptome reichen von Gedächtnisverlust bis zu Depressionen, im fortgeschrittenen Stadium kann es auch zu Wahnvorstellungen und Schizophrenie kommen.

Die Krankheit tritt meistens zwischen dem dreißigsten und fünfzigsten Lebensjahr auf. Es ist eine langsam fortschreitende Krankheit, die sich über Jahrzehnte hinziehen kann und schließlich zum Tode führt. Es gibt zwar Behandlungsmethoden, die die Symptome abschwächen, aber es gibt keine wirklichen Heilungschancen. Nur wenige Jahre vor dem Ausbruch der Krankheit bei meiner Frau haben Wissenschaftler herausgefunden, welche Chromosomen dafür verantwortlich sind. Jedoch erst 1993 wurde das krankheitsauslösende Gen entdeckt.

Die Krankheit selbst war aber noch nicht das Schlimmste. Bei der Fortpflanzung wird das Gen dominant vererbt. Das bedeutet eine mögliche Vererbung, auch wenn nur ein Elternteil dieses krankheitsauslösende Gen besitzt. Die Chance stehen fünfzig zu fünfzig, dass die Erkrankung vererbt wird; aber – wie bereits erwähnt – sie tritt frühestens mit 30 Jahren auf. – Und wir haben drei Kinder!

Da die Huntingtonsche Krankheit durch ein dominantes Gen vererbt wird, bekommt derjenige die Krankheit, der das Gen in sich trägt. Wenn die Krankheit bei Ihnen nicht ausbricht, können Sie sie auch nicht weitervererben. Es gibt Tests, um festzustellen, wie wahrscheinlich es ist, dass jemand diese Krankheit hat. Diese Tests wurden immer genauer, seit Wissenschaftler sich intensiv mit dieser Krankheit beschäftigten und schließlich das beteiligte Gen gefunden hatten. Es ist jedoch schwierig zu entscheiden, ob man den Test machen sollte oder lieber im Ungewissen darüber bleibt, ob man die Krankheit in sich trägt oder nicht.

Bei einer der Untersuchungen fragte ich den Arzt meiner Frau, wie aufwendig ein solcher Test sei und welchen Kostenanteil die Krankenkasse übernehmen würde. Der Arzt riet uns, bei allem, was wir im Zusammenhang mit dieser Krankheit zu tun gedächten, die Krankenkasse nicht genau zu informieren. Falls sich bei dem Test herausstellen sollte, dass einer unserer Söhne möglicherweise diese Krankheit hat, so wird er Schwierigkeiten haben, in den USA überhaupt eine Krankenkasse zu finden, die ihn aufnimmt. Es ist auch möglich, dass ein Arbeitgeber sich weigert, solche Menschen einzustellen. Auf der anderen Seite, wenn unsere Kinder nicht wissen, ob sie diese Krankheit haben oder nicht, wie sollen sie dann entscheiden, welchen Beruf sie erlernen, ob sie heiraten bzw. Kinder haben wollen?

Als wir dies alles erfuhren, war ich betroffen und völlig durcheinander. Wie konnte das passieren? Vor unserer Hochzeit wussten wir, dass Pats Mutter psychische Probleme hatte. An unserem Hochzeitstag war sie bereits fünf Jahre in einer psychiatrischen Anstalt. Wir fragten einige Bekannte, wie wahrscheinlich es sei, dass Pat die gleichen Probleme bekommen könnte, gingen dann jedoch davon aus, dass es sich bei meiner Schwiegermutter um ein rein psychologisches Problem handele. Hätte meine Frau ähnliche Probleme wie ihre Mutter, so müssten diese schon längst aufgetreten sein. Das bestätigten uns einige Psychologen. Diese Auskunft beruhigte uns, da Pat schon über zwanzig war und bisher nichts Derartiges aufgetreten war.

Wir hätten nie gedacht, dass es einen körperlichen Grund für die Krankheit meiner Schwiegermutter gab oder dass diese Probleme an meine Frau weitervererbt werden könnten. Niemand, auch keiner aus der Verwandtschaft, dachte an so eine Möglichkeit, und diejenigen, die es hätten wissen können, schwiegen. Mein Schwiegervater hatte einmal von der Krankheit gehört, jedoch nicht nach Einzelheiten gefragt.

Alle, die die Wahrheit hätten wissen können, waren sich der Tragweite entweder nicht bewusst oder hielten Informationen zurück. Als wir uns dafür entschieden hatten, Kinder zu bekommen, ließen wir erneut überprüfen, ob irgendwelche Erbkrankheiten vorliegen, die unseren Kindern unter Umständen schaden könnten. Wiederum wurde uns versichert, dass wir nichts zu befürchten hätten.

Vor unserer Hochzeit wollten wir sicher sein, dass es Gottes Wille ist, dass wir heiraten und Kinder bekommen. Wir sagten Gott, dass wir bereit wären, alles zu tun, was er von uns verlangte. Und baten ihn, uns deutlich zu zeigen, wenn es nicht sein Wille wäre, dass wir heiraten. Hätten wir erfahren, dass Pat möglicherweise die gleiche Krankheit wie ihre Mutter bekommen könnte, so wäre das sicher als ein Fingerzeig Gottes zu verstehen gewesen. Wir suchten nach Hinweisen darauf, doch wir fanden keine. Nachdem wir nichts fanden und noch andere Faktoren auftauchten, von denen ich später berichten werde, glaubten wir, dass es Gottes Wille sei, wenn wir heiraten.

Wir haben nicht im Geringsten damit gerechnet, dass so etwas geschehen könnte. Die Experten, die über diese Dinge hätten Bescheid wissen müssen, hatten uns beruhigt – es bestünde keine Gefahr. Ich konnte das alles kaum glauben. Es war vor allem so unglaublich, da der Arzt auf ganz einfache Weise zu seiner Diagnose kam. Das Einzige, was er tat, war, sich die Symptome meiner Frau anzusehen und dann nach ihrer Familiengeschichte zu fragen. An diesem Tag wurden weder genetische noch irgendwelche anderen Untersuchungen durchgeführt, aber die Diagnose war klar und eindeutig. Ich versuchte einzuwenden, dass die Diagnose doch noch gar nicht bewiesen sei. So wenige Angaben können doch unmöglich diese Schlussfolgerung rechtfertigen.

Einige Monate war ich hin- und hergerissen zwischen der Hoffnung, dass es sich als Fehldiagnose erweisen würde, und der Angst, dass Pats Probleme nur von dieser Krankheit herrühren können. Als wir uns bei einem zweiten Spezialisten eine weitere Meinung einholen wollten und dieser genau die gleiche Diagnose stellte, fielen alle meine Hoffnungen wie ein Kartenhaus in sich zusammen.

1. Wenn das Leben nur noch trostlos scheint ...

Nach der ersten Diagnose und deren Bestätigung wurde ich von meinen Gefühlen hin und her gerissen. Selbst bis heute bin ich damit noch nicht fertig. Jetzt kann ich besser verstehen, wie es anderen Menschen geht, die einen Schicksalsschlag erleben und ähnliche Reaktionen zeigen. Wenn wir denen helfen wollen, die tief verletzt sind, so müssen wir verstehen lernen, wie sie sich fühlen. Die beherrschenden Gefühle, die mich umtrieben, waren Hoffnungslosigkeit und Hilflosigkeit. Auch früher hatte ich schon Probleme und Schwierigkeiten erlebt, aber es gab eigentlich immer einen Ausweg oder mir ist zumindest einer eingefallen. Aber diesmal war es anders. Diese Krankheit ist unheilbar.

Unsere Situation war völlig aussichtslos. Ich würde zusehen müssen, wie meine Frau, die ich so innig liebte, langsam schwächer wird und schließlich stirbt. Im fortgeschrittenen Stadium würde sie mich vielleicht noch nicht einmal mehr erkennen. Und was noch schlimmer wäre, wenn sie mich erkennen könnte, würde sie sich vielleicht von mir abwenden in der irrigen Vorstellung, ich hätte mich von ihr abgewandt. Meine Schwiegermutter konnte es schließlich auch nicht verstehen, warum mein Schwiegervater sie in den letzten

Lebensjahren in einer psychiatrischen Anstalt unterbringen musste. Sie zog die falschen Schlüsse aus dieser Entscheidung.

Und eines Tages ist Pat nicht mehr da, aber das Problem ist trotzdem nicht ausgestanden. Das Gleiche kann jedem unserer Kinder auch passieren. Ich erinnere mich daran, wie dieses drohende Todesurteil wie ein Damoklesschwert für den Rest des Lebens über mir und meiner Familie zu hängen schien. Es gab keinen sichtbaren Ausweg aus dieser Situation. Gott war die einzige Person, die daran etwas hätte ändern können, aber zu dieser Zeit sah es so aus, als ob er nicht helfen würde. Vielmehr schien es so, als hätte er uns erst in diese Situation gebracht, anstatt uns davor zu bewahren. Als ich über die Hoffnungslosigkeit unserer Lage nachdachte, wurde mir bewusst, wie trostlos einem das Leben erscheinen kann.

Neben der Hoffnungslosigkeit fühlte ich mich auch noch völlig unfähig, irgendetwas zu tun. Bei mir selbst traten körperliche Beschwerden auf, die durch die Anspannung, die diese Nachricht hervorrief, nur noch schlimmer wurden. Bald war ich an einem Punkt angelangt, wo es mir kaum möglich war zu arbeiten. Und so war ich keine große Hilfe für meine Familie. Ich wollte wenigstens Pat trösten und sie in dieser schweren Situation unterstützen, aber sie hat das alles viel besser gemeistert als ich. Gott gab ihr die nötige Kraft auszuhalten und durchzustehen, sie schien meine Unterstützung überhaupt nicht zu brauchen. Ich hatte den Eindruck, als ob ich gerade in dieser schwierigen Zeit ihres Lebens außen vor stand und nicht besonders hilfreich war. Alle meine Versuche, sie zu trösten, waren gleich null.

Vielleicht haben Sie selber schon einmal eine ähnliche Hoffnungslosigkeit und Hilflosigkeit verspürt, als sie mit einer tragischen Situation fertig werden mussten, auch wenn sie vielleicht nicht mit meiner vergleichbar ist. Zusammen mit solchen Gefühlen kommt auch die Vorstellung, endgültig verlassen worden zu sein. In solchen Zeiten scheint es keine Antwort oder Hilfe zu geben. Ja, natürlich sind da Freunde und die Familie, aber was können sie an der Situation ändern? Sie können keine Wunder vollbringen. Wenn selbst die Ärzte dieser Krankheit ratlos gegenüber stehen, was könnten da andere tun? Sie haben ihre eigenen Familien, um die sie sich kümmern müssen, und sind mit ihren eigenen Problemen beschäftigt.

Und noch etwas verstärkte das Gefühl der Verlassenheit. Die Menschen, die eine solche Neuigkeit hören, sind ohne Ausnahme sehr betroffen. Aber aus Angst, etwas Falsches zu sagen oder zu tun, kommen sie erst gar nicht. Niemand möchte so sein wie die Freunde Hiobs, die ihn trösten wollten. Lieber gar nicht erst vorbeischauen, als sich die Zunge zu verbrennen. Wenn aber keiner kommt, fühlt sich der Leidende in seinen schlimmsten Befürchtungen bestätigt. Das Gefühl des Verlassenseins ist schmerzhaft, und das Fernbleiben der Familie und der Freunde macht dem Leidenden erst recht klar, dass sein Gefühl Wirklichkeit ist.

Noch tiefer als die Angst, von Freunden und der Familie verlassen zu sein, ist die Furcht, dass selbst Gott nicht mehr da ist. Es spielt dabei auch keine Rolle, wie intensiv man vorher Gottes Gegenwart gespürt hat, denn in solchen Zeiten scheint er einfach nicht da zu sein. Und wenn einem dann auch noch bewusst wird, dass Gott der Einzige ist, der helfen könnte, ist es besonders schmerzhaft, wenn man den Eindruck gewinnt, dass er abwesend ist.

Mit diesen Gefühlen geht auch Wut einher. Wut ist vielleicht nicht gerade eine vernünftige Reaktion, aber sie ist trotzdem da. Ich war wütend, dass gerade uns das passieren musste. Ich bin nie davon ausgegangen, dass ich mein Leben lang von Problemen verschont bliebe, nur weil ich Christ bin, aber ich hätte nie gedacht, dass so etwas geschehen würde. Mit einem Schlag erlebten wir, wie das Schicksal wie eine dunkle Wolke über uns hereinbrach. Diese Art von Katastrophe war nicht eingeplant.

Ich war wütend, denn dass Gott mich im vollzeitlichen Dienst haben wollte, war uns schon vor unserer Hochzeit klar gewesen, und wahrscheinlich hätten wir nicht geheiratet, wenn uns das ganze Problem in der Familie meiner Frau bekannt gewesen wäre. Pat sagte, sie hätte wahrscheinlich überhaupt nicht geheiratet, wenn sie es gewusst hätte. Wäre uns die Erbkrankheit meiner Frau bekannt gewesen, bevor wir unsere Familie gründeten, so hätten wir sicher auf Kinder verzichtet. Es ist unverantwortlich, jemandem dieses Schicksal aufzubürden, wenn es einem bekannt ist. Ich war wütend auf Familienangehörige, die von der Krankheit gewusst und es uns nicht gesagt haben. Ich war wütend auf die Ärzte, die es wussten und die es nie der Familie erklärt haben. Und ich war wütend auf die Verwandten, die zwar nichts wussten, aber die Ärzte auch nicht nach einer Erklärung gefragt haben. Kurz und gut, wenn uns jemand vor unserer Hochzeit die Wahrheit gesagt hätte, dann wäre diese furchtbare Situation vermieden worden.

Mit einem Schlag erlebten wir, wie das Schicksal wie eine dunkle Wolke über uns hereinbrach. Diese Art von Katastrophe war nicht

Obwohl ich es nicht zugeben wollte, war ich auch auf Gott wütend. Ich wusste, dass es unsinnig war, weil Gott dafür nicht die Verantwortung trägt. Ich kann mich auch an keine Stelle in der Bibel erinnern, durch die Gott verpflichtet gewesen wäre, Dinge wie diese zu verhindern. Abgesehen davon war es töricht, auf die einzige Person wütend zu sein, die an dieser trostlosen Situation etwas ändern könnte. Außerdem, wer war ich? Ein Geschöpf, das seinem Schöpfer den Kampf ansagt?

Wie schon der Apostel Paulus im Römerbrief (9,19-21) schreibt, hat der Mensch kein Recht, Gott zur Rechenschaft zu ziehen; Gott muss sich nicht vor den Menschen verantworten, so als ob er irgendetwas Böses verbrochen hätte. Gott ist allmächtig und hält auch mein Leben in seiner Hand. Es ist absurd, auf den Einen wütend zu sein, der alle meine Schritte lenkt.

Und trotzdem entspricht es der menschlichen Natur, wütend zu sein und von Gott etwas anderes zu erwarten. In meinem Fall ging es nicht nur darum, dass er Pats Krankheit zugelassen hatte. In mir wuchs vielmehr das Gefühl, dass Gott mich in die Irre geführt, ja dass er mich fast schon hintergangen hatte. Als Pat und ich uns zum ersten Mal begegneten, waren wir davon überzeugt, dass es für uns unmöglich sei, jemals zu heiraten. Ich befand mich gerade in den Vorbereitungen für eine Dozentenstelle, und sie wollte in die Mission gehen. Wir dachten, dass diese Kombination nie und nimmer zusammen funktionieren würde. Unsere Beziehung wuchs, aber ich befürchtete, dass wir eine Enttäuschung erleben würden, wenn wir die Beziehung weiterführten, da ich den Eindruck hatte, Gott führt uns in verschiedene Richtungen.

Bevor ich Pat traf, war ich schon einmal verlobt gewesen. In diesem Fall hatte ich mich nicht nach Gottes Willen gerichtet. Gott sei Dank habe ich das rechtzeitig erkannt und die Verlobung gelöst. Aber diese Erfahrung hat mir gezeigt, dass ich den Partner fürs Leben sehr sorgsam auswählen sollte. In erster Linie hatte ich mich dafür entschieden, Gott nachzufolgen. Ich wollte nicht riskieren, Gott herauszufordern, indem ich eine Beziehung weiterführte, die gegen seinen Willen zu sein schien.

Ich fühlte, was Pat und ich tun sollten. Eines Abends ging ich zu ihr, um unsere Verbindung zu lösen. Ich war mir sicher, Gott schickte uns in völlig unterschiedliche Richtungen, und seinem Willen sollten wir uns nicht widersetzen. Als wir darüber sprachen, wurde uns klar, dass sie zwar einen Ruf in den vollzeitlichen Dienst, jedoch nicht unbedingt in die Mission hatte. Also trafen wir uns weiterhin und baten Gott darum, uns zu zeigen, ob wir die Verbindung lösen sollten (so schmerzhaft es auch sein mochte) oder nicht.

Doch statt des erwarteten Endes unserer Beziehung, machte Gott uns auf mancherlei Weise deutlich, dass es sein Wille war, dass wir heirateten. Während meiner Jugendzeit dachte ich oft darüber nach, wie man eigentlich wirklich sicher sein kann, dass die Person, die man heiraten will, auch die Richtige ist. Ich glaubte, dass es eine absolute Sicherheit nicht geben könne. Ob man die richtige Wahl getroffen hat, würde sich erst nach einigen Ehejahren bestätigen. So wie Gott uns geleitet hatte, war ich mir jedoch zweifelsfrei sicher, dass es Gottes Wille war, Pat zu heiraten. Unsere gemeinsamen Jahre haben das auch tatsächlich bestätigt.

Vor diesem Hintergrund kann man vielleicht verstehen, warum ich mich getäuscht fühlte. Gott wusste, dass mir eine sehr herausfordernde und anstrengende Aufgabe bevorstand. Er wusste, dass ich auf die Hilfe meiner Frau angewiesen war, und dass sie zumindest einigermaßen gesund sein musste, damit ich mich ganz auf die Arbeit konzentrieren konnte, in die er mich gestellt hatte. Die Gemeindearbeit meines Vaters war sehr fruchtbar und für mich ein Vorbild, dem ich nachstrebte. Meine Mutter war zwar im Großen und Ganzen ihren häuslichen Arbeiten gewachsen, aber sie hatte auch verschiedene körperliche Beschwerden – und ich wusste, dass dies meinen Vater belastete. Ich war der Meinung, dass Gott mir vor diesem Hintergrund eine einigermaßen gesunde Frau zur Seite stellen würde. Natürlich war ich mir sicher, dass Gott mir die richtigen Aufgaben zuweisen würde. Aber ich hatte keine Ahnung, wie ich mit der Herausforderung von Pats Krankheit meinen Aufgaben gerecht werden sollte. Der Gedanke, dass Gott eine andere Art von Dienst für mich vorgesehen haben könnte, kam mir zu diesem Zeitpunkt nicht in den Sinn. Wenn Gott ähnlich gedacht hätte wie ich, so hätte er darin auch keinen Sinn gesehen.

Ich war völlig durcheinander, vor allem auch deshalb, weil Gott Pat und mich so eindeutig zusammengeführt hatte. Außerdem hatten diejenigen, die wir gefragt hatten, ob Pat die gleiche Krankheit bekommen könnte wie ihre Mutter, uns versichert, dass wir uns keine Sorgen zu machen bräuchten. Als ich dann die schreckliche Nachricht erfuhr, fühlte ich mich betrogen. Der Weg, den ich offensichtlich gehen sollte, führte mich nicht an das geplante Ziel.

Ich wusste nicht, was ich tun sollte – ich wusste noch nicht einmal, was ich denken sollte.

In dieser Zeit habe ich immer wieder gedacht, das ergibt alles keinen Sinn. Gott, als das höchste vernunftbegabte Wesen, schien an meinem Leben das Gegenteil beweisen zu wollen. Die Nachricht von der Krankheit meiner Frau schien der klaren Führung Gottes in den letzten 15 Jahren meines Lebens zu widersprechen. Ich wusste nicht, was ich tun sollte – ich wusste noch nicht einmal, was ich denken sollte. An einem gewissen Punkt kam mir Abraham in den Sinn. Gott gab ihm Isaak, das Kind der Verheißung, um dann von ihm zu fordern, seinen Sohn auf einem Berg zu opfern. Das musste Abraham genauso sinnlos erschienen sein, wie meine Situation mir sinnlos erscheint. Trotzdem hat Abraham Gott vertraut. Er hat sogar daran geglaubt, dass Gott Isaak von den Toten auferweckt, wenn er diesen opfern würde (Hebräer 11,19).

Was für ein unglaubliches Vertrauen! Ich sollte mehr wie Abraham sein. Aus seinem Erleben hätte ich Mut und Zuversicht schöpfen können. Aber ich tat es nicht. Schnell hatte ich die Erklärung parat, dass Abrahams Glaube nachvollziehbar war, da Gott ihm und seinem Sohn ganz besondere Verheißungen gegeben hatte (1. Mose 12,1-3, 15,4-6, 17,15-19). Solche Verheißungen hat Gott mir und meiner Frau jedoch nicht gegeben. Er hat uns deutlich gezeigt, dass wir heiraten sollen, aber er hat auch dafür gesorgt, dass uns

Informationen vorenthalten wurden, die eine Heirat und die Gründung einer Familie verhindert hätten. Er hat nie verheißen, dass wir vor schweren Krankheiten bewahrt bleiben. Er hat uns auch nicht gesagt, wie lange wir voraussichtlich leben werden. Gewiss, Gott kann Wunder vollbringen (auch Abraham rechnete damit) und Krankheiten heilen, aber es gibt keine Garantie, dass er es auch tut. Wie lehrreich das Beispiel von Abraham und Isaak auch sein mochte, ich hatte kein Recht, mich dadurch ermutigen zu lassen.

Ich war auch noch aus einem anderen Grund durcheinander. Ich wuchs mit Menschen auf, die sehr viel Leid erleben mussten. Meine Mutter durchlitt viele Krankheiten. Ich kann mich kaum an eine Zeit erinnern, in der es keine ernsthaften Probleme gegeben hätte. Mein frühes Interesse an der Frage nach dem Leiden kam sicherlich zum großen Teil durch die Erfahrungen mit meiner Mutter. Meine Eltern waren beide in jüdisch-orthodoxen Elternhäusern groß geworden. Schon vor ihrer Hochzeit hatten sie Jesus als ihren Herrn und Heiland angenommen. Vor diesem Hintergrund war es nur zu verständlich, dass sie von dem Schicksal der Juden während des Zweiten Weltkrieges sehr betroffen waren. Auch ich fragte mich, wie ein liebender Gott solch eine schreckliche Gräueltat wie die Schoa zulassen konnte.

Als ich heranwuchs, dachte ich wiederholt über das Problem des Bösen nach. Während meines Studiums schrieb ich eine größere Arbeit über Hiob, und meine Abschlussarbeit in Theologie handelte von Gottes uneingeschränkter Herrschaft über alle Dinge und wie diese Herrschaft mit der Freiheit des Einzelnen zu vereinbaren ist. Später schrieb ich meine Doktorarbeit über die Frage nach dem Bösen aus philosophischer Sicht. Wenn irgendjemand über diese Fragen nachgedacht hat und in der Lage ist, umfassend Auskunft zu geben, so bin ich das sicherlich. Aber als ich mit den Ereignissen konfrontiert wurde, von denen ich berichtet habe, hat mir meine intensive geistige Auseinandersetzung mit dieser Frage wenig geholfen.

In der Praxis konnte ich das Problem nicht lösen. Ich hatte all diese theoretischen Antworten parat, aber in keiner kam zur Sprache, wie ich mich persönlich fühlte. Als Professor der Theologie sollte ich eigentlich verstehen, was Gott mit dieser Situation vorhatte. Aber das Gegenteil war der Fall, ich begann sogar daran zu zweifeln, ob ich überhaupt irgendetwas über Gott richtig begriffen hatte. Meine emotionalen und körperlichen Schmerzen hielten unvermindert an, und als Folge des Stresses wurden meine körperlichen Beschwerden immer schlimmer.

Warum haben mir all diese Jahre des Studiums, des Nachdenkens und Schreibens über das Problem des Bösen in dieser Zeit der persönlichen Krise nicht geholfen? Ich erlebte eine Krise meines Glaubens am eigenen Leib, und die Informationen, die ich jahrelang gesammelt hatte, schienen mir nicht im Geringsten helfen zu können. Als ich darüber nachdachte, wurde mir etwas Wichtiges klar: All mein Studieren und Forschen und die theoretischen Antworten auf die Frage nach dem Bösen waren nicht besonders hilfreich, da der religiöse Aspekt des Bösen (die Frage nach dem eigenen Betroffensein durch Schmerz und Leid und welche Rolle die Beziehung zu Gott dabei spielt) nicht in erster Linie mit dem Verstand zu beantworten ist.

Stattdessen liegen die Antworten im Wesentlichen im emotionalen Bereich. Menschen, die mit dem Bösen ringen, benötigen keine geistige Auseinandersetzung darüber, wie das Handeln Gottes gegenüber den Menschen zu rechtfertigen sei. Durch eine solche theoretische Diskussion wird eher die abstrakte theologische und philosophische Frage beantwortet, warum es das Böse überhaupt gibt bzw. warum trotz eines liebenden Gottes so viel Unheil in unserer Welt existiert. Mein Problem war jedoch ein anderes: Wie konnte ich in dieser leidvollen Situation Trost finden, und wie konnte ich mit einem Gott leben, der das Leiden zuließ?

Das heißt nicht, dass dem Leidenden nicht auch mit geistigen Wahrheiten oder theoretischen Antworten geholfen werden kann. Es bedeutet, dass viele solcher Antworten in einer speziellen Situation nicht helfen, und dass andere, die durchaus sinnvoll erscheinen, nicht zu jedem Zeitpunkt dem Leidenden eine Hilfe sind. Sie sind erst dann sinnvoll, wenn der emotionale Schmerz bis zu einem gewissen Grad abgeklungen ist, so dass der Betroffene etwas Abstand hat.

An diesem Punkt habe ich aus meiner eigenen Erfahrung heraus verstanden, dass ein persönlich Betroffener Zuwendung braucht und nicht eine Auseinandersetzung mit philosophischen Fragestellungen. Ich kann dies an einem einfachen Beispiel deutlich machen:

Wie konnte ich in dieser leidvollen Situation Trost finden, und wie konnte ich mit einem Gott leben, der das Leiden zuließ?

Stellen Sie sich ein kleines Mädchen vor, das zum Spielen auf einen Spielplatz geht. Während es spielt, fällt es irgendwann hin und schlägt sich das Knie auf. Es rennt zu seiner Mutter, um sich trösten zu lassen. Jetzt kann die Mutter eine ganze Reihe von Dingen tun. Sie könnte ihrer Tochter erklären, dass sie hinfiel, weil sie zu schnell gerannt ist und nicht aufgepasst hat; sie müsse das nächste Mal eben vorsichtiger sein. Die Mutter könnte dem Kind sogar aufgrund der physikalischen Gesetze und dem Kausalitätsprinzip erklären, warum die Wunde des Kindes gerade diese Form und Größe hat. Die Mutter könnte dem Kind genauso gut einen Vortrag darüber halten, was Gott ihm durch diese Erfahrung vermitteln will.

Aber es dürfte wohl niemanden überraschen, wenn das Mädchen darauf mit „Mama, es tut aber noch immer weh" reagiert. In diesem Moment helfen Erklärungen nicht, die

Schmerzen zu lindern. Das Kind will keine Erklärungen, es braucht die liebenden Arme der Mutter. Später ist auch noch Zeit für Erklärungen, jetzt braucht das Kind Trost.

Das Gleiche gilt für jeden von uns, wenn wir eine Antwort auf schmerzhafte Erfahrungen suchen. Wenn wir mit Leid konfrontiert werden, brauchen wir keine langen Erklärungen, die an unseren Verstand appellieren, denn dies ist nicht in erster Linie eine Frage des Verstandes. Hält uns jemand einen solchen Vortrag, wird er schnell feststellen, dass wir viel zu verletzt und durcheinander sind, um ihm wirklich zuzuhören. Wir brauchen keine klugen Worte! Wir brauchen etwas, das die Schmerzen lindert. Im Leid haben wir zumeist keine Vorstellung davon, wie Gott wirklich zu uns steht und wie wir zu ihm stehen sollten.

2. Gutgemeinte Ratschläge

Oder: Wie man dem Leidenden mit Sicherheit nicht hilft

Wenn die religiöse Frage nach dem Bösen (die Frage nach dem eigenen Betroffensein von Schmerz und Leid) in erster Linie nicht dazu dient, Gottes Handeln in unserer Welt zu rechtfertigen, sondern wenn es darum geht, wie wir mit einem Gott leben können, der Leiden zulässt, wie ist es dann möglich, anderen in Krisenzeiten zu helfen? Ich kann die Frage nur so beantworten, indem ich das weitergebe, was uns geholfen und was uns nicht geholfen hat.

Unweigerlich versuchen die Menschen etwas weiterzugeben und hoffen, dass es hilfreich ist. Manchmal ist es das auch, aber oft sind die Menschen äußerst unsensibel in dem, was sie sagen, und das treibt den Leidenden nur noch mehr zur Verzweiflung. Keiner tut dies mit Absicht, niemand möchte es noch schlimmer machen, als es ohnehin ist. Die meisten wollen einfach nur helfen. Aber abgesehen von den guten Absichten verschlimmern solche „Möchtegern-Tröster" das Ganze nur noch. Lassen Sie mich einige Dinge nennen, die man besser nicht sagen sollte.

„Sie haben wahrscheinlich gesündigt"

Oder andere sagen sogar: „Sie müssen eine große Sünde begangen haben, sonst wäre Ihnen das nicht passiert." Ich bin sehr dankbar dafür, dass dies niemand zu mir oder meiner Familie gesagt hat, obwohl es eine durchaus übliche Reaktion einiger Menschen ist, wenn sie von einem schweren Schicksal hören. So haben auch diejenigen reagiert, die Hiob „trösten" wollten. Sie wussten überhaupt nicht, was geschehen war, aber sie waren sich sicher, dass Gott nicht besonders gut dastünde, wenn ein guter Mensch leiden musste. Deshalb glaubten sie, dass Gott nur für Sünder ein solches Unheil vorsah.

Es stimmt zwar, dass Gott Sünde bestraft und dass die Gottlosen eines Tages ihre gerechte Strafe erhalten werden. In der Bibel ist jedoch auch davon die Rede, dass es den Prahlern und Frevlern gut geht (Psalm 73), während die Rechtschaffenen leiden (Hiob 1,8; 2,3; 1. Petrus 4,12-19). Tatsächlich wissen wir oft nicht, ob jemand, der leidet, ein guter Mensch oder Sünder ist. Menschen, die nach außen hin den Eindruck erwecken, sehr moralisch zu sein, können in Wirklichkeit große Schuld auf sich geladen haben, und selbst gute Menschen können schuldig geworden sein, ohne dass dies jemals ans Tageslicht kommt.

Die Geschichte vom reichen Mann und Lazarus (Lukas 16) erinnert uns lebhaft daran, dass die äußerliche Erscheinung eines Menschen nicht unbedingt eine gute Grundlage für dessen geistliche Beurteilung darstellt. Wenn jemand tatsächlich aufgrund einer Verfehlung leidet, so wird diese Person es wahrscheinlich selbst sehr genau wissen, ohne dass wir es ihr erst sagen müssten. Auch wenn die Person sich ihrer Schuld nicht bewusst ist, so ist es besser, erst einmal nachzufragen, ob sie sich vorstellen kann, was der Grund für ihr Leiden ist, anstatt zu behaupten, dass hier wohl eine Sünde vorliegen muss. Leidet ein guter Mensch wie Hiob, so wird es ihm ganz bestimmt nicht helfen, wenn andere ihn im Gefühl moralischer Überlegenheit der Sünde bezichtigen.

Dinge höher bewerten als Menschen

Ein anderer Fehler, der oft gemacht wird, ist, den Verlust von Dingen wichtiger zu nehmen als den Verlust von Menschen. Ich spreche da nicht aus eigener Erfahrung, aber aus der einer Verwandten. Vor einigen Jahren war diese Verwandte in den Urlaub gefahren. Während ihrer Abwesenheit erfuhr sie, dass ihr Haus bis auf die Grundmauern niedergebrannt und ihr Sohn in den Flammen umgekommen war. Ihr Pfarrer versuchte, ihr zu helfen, aber er beging einen entscheidenden Fehler. Er besuchte sie selten und gab ihr auch kaum Gelegenheit, über ihre Gefühle zu sprechen. Die wenigen Male, in denen er mit ihr sprach, brachte er seine Betroffenheit über den Verlust des Hauses und ihres Besitzes zum Ausdruck. Sicherlich können Sie sich vorstellen, wie verletzt sie war. Natürlich lässt einen der Verlust von Hab und Gut nicht kalt, aber all diese Dinge können mehr oder weniger ersetzt werden. Einen geliebten

Menschen zu verlieren, ist jedoch der größte Verlust, den ein Mensch erleiden kann. Nichts auf dieser Welt kann einem den eigenen Sohn ersetzen. Dieser Pfarrer hatte den Grund ihres Schmerzes völlig missverstanden. Durch sein unsensibles Verhalten hatte er die Gelegenheit verpasst, ihr in einer schweren Zeit eine Hilfe zu sein. Vielmehr hat er durch sein Verhalten den Heilungsprozess eher hinausgezögert, als ihn zu beschleunigen.

„Diese Sache hat Sie wahrscheinlich vor Schlimmerem bewahrt."

Wenn wir einen geliebten Menschen verlieren, versuchen unsere Mitmenschen uns manchmal zu trösten, indem sie uns klarzumachen versuchen, dass dies alles nur zu unserem Besten geschieht und uns unter Umständen vor anderen Problemen bewahrt.

An dieser Stelle möchte ich die Erfahrung eines meiner Studenten wiedergeben. Dieser Student und seine Frau hatten gerade ihr erstes Kind bekommen, und er war im darauf folgenden Semester in meiner Vorlesung. Mitten im Semester starb das Baby ganz plötzlich. Nach der Beerdigung berichtete er gegen Ende des Semesters in einer Vorlesung darüber, wie es ihm in den letzten Wochen ergangen sei. Einiges von dem, was er uns erzählte, handelte von Dingen, die man jemandem, der mit einem solchen Kummer fertig werden muss, einfach nicht sagen darf. Einige Leute, so berichtete er, hatten zu ihm gesagt: „Wissen Sie, es ist wahrscheinlich gut für Sie, dass Ihr Sohn sterben musste. Vielleicht hätten Sie später mit ihm große Probleme gehabt. Vielleicht wäre er drogenabhängig geworden und hätte vom Christsein nichts gehalten. Gott weiß um diese Dinge, und er wollte Sie wahrscheinlich nur vor all dem bewahren."

Ich bin sicher, dass jeder, der ein bisschen darüber nachdenkt, schnell zu der Überzeugung kommt, dass solche Worte nicht dazu geeignet sind, jemanden zu trösten. Sicherlich ist es denkbar, dass dieses Kind auch Probleme verursacht hätte, aber in der Zeit direkt nach dem Verlust ist dies ein gänzlich ungeeigneter Trost. Die Eltern und Angehörigen liebten dieses Kind, sie liebten es ohne Rücksicht darauf, ob es ein Problemkind ist oder sein könnte. Der Verlust ist äußerst schmerzhaft, und der Schmerz wird weder gelindert noch genommen, indem man eingehend über die Zukunft spekuliert. Darüber hinaus ist dieser Kommentar schlicht und ergreifend falsch, weil hinter der eigentliche Aussage die Überzeugung steht, dass es gut ist, wenn Unheil geschieht. Es ist mir unerklärlich, wie dies jemals eine angemessene Haltung eines Christen sein kann.

Der Grund der Freude liegt darin, dass Gott trotz aller negativen Erfahrungen bei uns ist.

Ich weiß, dass Jakobus sagt, wir sollen uns alle freuen, wenn unser Glaube immer wieder hart auf die Probe gestellt wird (Jakobus 1,1-2), aber wir dürfen dies nicht falsch verstehen. Nicht die Prüfungen sind der Grund der Freude – sie sind das Böse. Der Grund der Freude liegt darin, dass Gott trotz aller negativen Erfahrungen bei uns ist und auf positive Weise in unser Leben eingreift, selbst inmitten der schwersten Prüfung. Die Prüfung selbst ist nicht das Gute. Wenn dem so wäre, müssten wir uns ja bemühen, das Leiden zu suchen. Die Bibel spricht jedoch an keiner Stelle davon, dass wir so etwas tun sollten. Wir brauchen die Prüfungen nicht zu suchen; sie werden uns finden.

„Denken Sie an Römer 8,28“

Nicht selten geben uns Menschen, wenn wir in einer leidvollen Situation stecken, den folgenden gut gemeinten Rat: „Ich weiß, dass deine Situation nicht einfach ist. Du musst nur immer daran denken, dass Gott im Römerbrief, Kapitel 8,28, verheißen hat, dass alles – aber auch wirklich alles – zu unserem Heil dient.“

Obwohl es hilfreich sein kann, dem Leidenden mit Hilfe eine Bibelwortes Mut zuzusprechen, ist diese Bibelstelle aus mehreren Gründen nicht besonders geeignet. Zum einen wissen diejenigen, die sich in der Bibel auskennen, dass in diesem Vers noch mehr steht. Paulus sagt, dass dies denen widerfährt, „die Gott lieben und die Gott selbst erwählt und berufen hat“. Es ist durchaus vorstellbar, dass jemand, der in einer schweren Krise steckt, durch diesen Vers ins Grübeln gerät und an sich selbst zweifelt. Er könnte auf den Gedanken kommen: „Wenn alles zu unserem Heil dient, weil wir Gott lieben und weil Gott uns erwählt und berufen hat, so könnte der Grund dafür, dass ich in diesen Schwierigkeiten stecke und sich noch nichts zum Guten gewendet hat, darin liegen, dass ich Gott nicht genug liebe. Oder vielleicht hat Gott mich erwählt und berufen, und ich folge seinem Willen nicht und deshalb leide ich. Vielleicht hat man mir deshalb diesen Vers genannt, um mir durch die Blume zu sagen, dass ich an der Misere selbst schuld bin.“

Solche Zweifel sind dem Leidenden bestimmt keine Hilfe. Derjenige, der vermeintlich Trost spenden wollte, hat natürlich nicht beabsichtigt, die Last noch zu vergrößern, indem er Zweifel und Schuldgefühle nährt.

Dieses Bibelzitat hat aber noch andere Tücken. Paulus beschreibt zwar, dass es Gott möglich ist, alles, auch Not und Unglück, für den Glaubenden zum Guten zu wenden. Aber wenn man die Verse 29-30 betrachtet, die für das Verständnis von Vers 28 ganz wichtig sind, wird deutlich, das Gute, von dem hier die Rede ist, bezieht sich auf die Rettung der Gläubigen und nicht auf irgendetwas, das zu unserem irdischen Wohlbefinden beiträgt. Paulus schreibt: „Wen Gott nämlich auserwählt hat, der ist nach seinem Willen auch dazu bestimmt, seinem Sohn ähnlich zu werden, dem Ersten unter vielen Brüdern. Und wen Gott dafür bestimmt hat, den hat er auch in seine Gemeinschaft berufen, wen er aber berufen hat, den hat er auch von seiner Schuld befreit. Und wen er von seiner Schuld befreit hat, der hat schon im Glauben Anteil an seiner Herrlichkeit."

Dennoch glauben viele, die diese Bibelstelle zitieren, dass ihnen dadurch Wohlergehen und Annehmlichkeiten garantiert sind. Und wenn das momentan nicht der Fall ist, so vertröstet man den Leidgeprüften und behauptet, dass Gott in Kürze das abhanden gekommene Wohlergehen wiederherstellen wird. Das ist aber nicht die Aussage des Textes.

Es gibt noch einen dritten Grund, warum man jemanden, der gerade in einer leidvollen Situation steckt, nicht mit diesem Vers aus dem Römerbrief konfrontieren sollte. Damit würde man den Fehler begehen, ein emotionales Problem theoretisch lösen zu wollen. Es ist ein weit verbreiteter Irrtum zu glauben, man müsse dem Leidgeprüften nur die „richtige" Information zukommen lassen und schon wären seine Probleme gelöst. Wenn die Mutter dem kleinen Mädchen, das sich das Knie verletzt hatte, diesen Vers zitiert hätte, würde das die Schmerzen des Kindes lindern? Natürlich nicht, und nicht nur deshalb, weil es noch klein ist!

Verstehen Sie mich bitte nicht falsch. Irgendwann kommt bei dem leidgeprüften Menschen der Zeitpunkt, wo er diesen Vers und andere Texte sehr wohl als hilfreich und tröstend empfindet. Aber Sie dürfen nicht erwarten, dass dem Leidenden in einer physischen und emotionalen Extremsituation das gleiche geistige Aufnahmevermögen zur Verfügung steht wie im normalen Alltag. Und selbst wenn das so wäre, kein Wissen dieser Erde würde ihm die Schmerzen nehmen!

Und es gibt noch zwei sehr wichtige Aspekte, die bei dieser Bibelstelle zu beachten sind. Zum einen hat Gott in der Regel die Not noch nicht in Heil verwandelt, wenn jemand diese Bibelstelle anführt. Diejenigen, die das Leid erleben, wissen auch nicht, wann oder wie Gott dies tun wird. Sie jedoch daran erinnern zu wollen, was Gott tun kann, bevor er es getan hat, ist wenig hilfreich.

Darüber hinaus ist es wirklich schwierig einzusehen, wie einen das Gute, wenn es dann eintritt, für all das Unheil, was geschehen ist, entschädigen könnte. Der vermeintliche Trostspender will doch vermutlich nicht zum Ausdruck bringen, dass das Böse durchaus in Ordnung ist, weil Gott dieses Unheil eines Tages in etwas Gutes verwandeln wird. Außerdem hoffe ich, dass wirklich niemand durch das Zitieren dieser Bibelstelle darauf hinweisen möchte, dass selbst das Unheil nicht wirklich böse ist, weil Gott doch die Dinge zum Guten wandelt. Leider kann durch das Anführen dieser Stelle genau dieser falsche Eindruck erweckt werden. Es ist äußerst gefühllos, wenn man dem Leidgeprüften gegenüber andeutet, dass der Verlust eines geliebten Menschen oder irgendeine andere Tragödie gar nicht so schlimm und übel sei, weil doch Gott durch dieses Erleben etwas Gutes hervorbringen möchte. Gott hat Jesu Tod auf Golgatha zugelassen, damit wir gerettet werden; aber ist es deswegen kein Mord gewesen oder verdienen die, die ihn verurteilten und töteten, als Helden gerühmt zu werden?

Denken Sie daran, dass selbst Jesus weinte, als Lazarus starb (Johannes 11,35). Die Tatsache, dass Jesus die Macht hatte, seinen Freund von den Toten aufzuerwecken (und dass er dies auch getan hat), brachte Jesus nicht dazu, das Geschehene als unbedeutend zu betrachten. Jesus empfand die ganze Situation als schreckliches Unheil, und so weinte er, obwohl er wusste, dass er Lazarus von den Toten auferwecken konnte.

In der Bibel heißt es auch, dass die Menschen durch ihre eigene Schuld der Vergänglichkeit ausgeliefert sind (Römer 8,20). Das Wissen, dass Gott sie eines Tages von Tod und Vergänglichkeit erlöst (Römer 8,21), lässt das Böse, das geschehen ist, auf keinen Fall als unbedeutend erscheinen. Dass Gott die Sünde der Welt überwindet und dies als Demonstration seiner Herrlichkeit und seiner Macht nutzt, macht die Sünde deswegen nicht besser. Schließlich hat Gott den Menschen befohlen, nicht zu sündigen. Die Tatsache, dass er in seiner Barmherzigkeit und Macht den Sünder errettet, bedeutet nicht, dass er froh ist, wenn wir sündigen, damit seine Rettung überhaupt erst notwendig wird, oder dass unsere Sünde gar nicht wirklich Sünde ist.

Es geschehen Dinge in unserer Welt, die wirklich böse sind. Spielen Sie diese Wirklichkeit nicht herunter, indem Sie sich darauf berufen, dass Gott auch noch die schlimmsten Situationen zum Guten wenden kann. Wenn die leidvollen Erfahrungen einigermaßen überwunden sind und der Betroffene wieder in der Lage ist zu erkennen, was Gott mitten in all dem Übel an Gutem bewirkt hat, dann hilft vielleicht auch dieser Vers weiter. Seien Sie nicht überrascht, wenn Sie dann feststellen, dass sich der Betroffene schon mit diesem Vers beschäftigt hat. Unabhängig davon, wie Gott diese schwierige Situation gewendet hat, bedeutet es nicht, dass dieses unheilvolle Erlebnis nicht wirklich böse war.

Dass Gott die Sünde der Welt überwindet und dies als Demonstration seiner Herrlichkeit und seiner Macht nutzt, macht die Sünde deswegen nicht besser.

„Wir müssen doch alle einmal sterben“

Es gibt noch weitere Kommentare, die alles andere als hilfreich sind. Kurz nachdem wir von der Krankheit meiner Frau erfahren hatten, sagte jemand zu mir: „Weißt du, jeder muss einmal sterben, du weißt nun eben schon im Voraus, woran deine Frau einmal sterben wird.“ Selbst wenn dies stimmt, wen tröstet das? Tröstet Sie der Gedanke an den eigenen Tod? Wenn Sie im Voraus wüssten, woran Sie einmal sterben werden, würden Sie dann sagen: „Oh ja, sehr gut, das macht es wirklich einfacher, jetzt, wo ich weiß, was mich erwartet.“? Niemand denkt gerne über den Tod nach, sei es über den eigenen oder den eines geliebten Menschen. Und dass wir alle einmal sterben werden, ist keine Ermutigung, genauso wenig wie das Wissen um die Todesursache. Das trifft zu, wenn einem ein „leichter Tod“ vorausgesagt wird, und umso mehr, wenn man an einer furchtbaren Krankheit sterben wird. In Zeiten großer Trauer ist es also kein Trost, daran erinnert zu werden, dass wir alle eines Tages sterben müssen oder dass man weiß, woran man sterben wird.

Ein weiteres Problem eines solchen Satzes ist, dass er nicht unbedingt stimmen muss – d.h., auch uns ist die Todesursache noch nicht bekannt. Die Wahrscheinlichkeit, dass meine Frau an der Huntingtonschen Krankheit stirbt, ist in der Tat ziemlich hoch, aber sie beträgt nicht einhundert Prozent. Sie kann genauso gut an einem Herzinfarkt sterben oder bei einem Verkehrsunfall oder durch irgendetwas anderes. Dies wäre natürlich auch kein Grund zum Jubeln, aber es zeigt, dass solch ein Kommentar weder hilfreich noch unbedingt richtig ist.

Abgesehen davon hilft der Satz weder mir noch meiner Frau, wenn wir uns bewusst machen, dass ich trotz ihrer Krankheit und der Tatsache, dass schon relativ junge Menschen daran erkranken, vor ihr sterben könnte. Das ist natürlich durchaus möglich, und da tröstet es mich nicht, darüber nachzudenken, dass ich nicht mehr da sein könnte, wenn Pat mich in ihrer Hilflosigkeit am meisten brauchen würde. Und ihr hilft es schon gar nicht.

„Planen Sie jetzt keine größeren Veränderungen mehr."

Als der Arzt Pat die Diagnose mitteilte, wies er sie auf einige Dinge hin, die ihm wichtig und hilfreich erschienen. Er sagte: „Überlegen Sie es sich gut, ob Sie jetzt noch Kinder bekommen wollen. Und Sie und Ihr Mann sollten jetzt lieber nicht mehr den Arbeitsplatz wechseln. Wechseln Sie auch nicht mehr die Krankenkasse, es wird Sie wahrscheinlich keine andere mehr nehmen."

Der Arzt hat es mit seinen Ratschlägen sicherlich nur gut gemeint. Natürlich mussten wir über diese Dinge nachdenken. Irgendwann kommt der Zeitpunkt, wo man über diese Dinge nachdenken kann, aber gerade am Anfang eines solchen Schicksalsschlages steht einem nicht der Kopf danach. Ich habe weiter oben über das Gefühl der Verlassenheit und der Hoffnungslosigkeit gesprochen. Zu diesen Gefühlen gehört auch, dass man sich wie in einer Falle fühlt, aus der man sich selbst nicht befreien kann. Die Worte des Arztes sind nicht dazu geeignet, solche Gefühle abzubauen. Ganz im Gegenteil – sie machen einem nur noch mehr deutlich, wie ausweglos die Situation ist. Obwohl ich meinen Beruf als Lehrer liebe und den Ort, an dem ich unterrichte, so mag doch niemand das Gefühl, dass es keine Wahlmöglichkeit mehr gibt oder dass diese extrem eingeschränkt ist, besonders dann, wenn jemand vor scheinbar unüberwindbaren Problemen steht.

Der Hinweis des Arztes war wichtig, aber nicht zu diesem Zeitpunkt. Erhält jemand, den Sie kennen, eine so niederschmetternde Nachricht, dann braucht er praktische Ratschläge, wie er damit umgehen kann. Der Zeitpunkt ist entscheidend. Sie sollten mit einer solchen Situation und den Gefühlen des Betroffenen wirklich sehr sensibel umgehen. In dem Moment, in dem man sich am Boden zerstört fühlt, sollte man nicht noch etwas oben drauf packen, das verstärkt nur das Gefühl von Verlassenheit und Hilflosigkeit. Wenn Sie der Meinung sind, etwas zu den weiteren Lebensplänen und -entscheidungen des Betroffenen sagen zu müssen, so wäre es vielleicht besser, nur darauf hinzuweisen, dass jetzt nicht der richtige Zeitpunkt ist, um wichtige Entscheidungen zu treffen. Der Betroffene sollte besser erst einmal abwarten und sich Zeit lassen, seine Empfindungen und Gefühle zu ordnen – aber das weiß derjenige wahrscheinlich schon selbst!

„Ich weiß, wie du dich fühlst"

Dies ist einer der häufigsten Sätze, die man zu hören bekommt, und den ich selbst oft bei Krankenbesuchen oder bei Trauernden benutzt haben. Wenn wir nicht wissen, was wir sagen sollen, um Freunde oder geliebte Menschen zu trösten, kommt uns oft die Formulierung in den Sinn: „Ich weiß, wie du dich jetzt fühlst." Meine eigenen Erfahrungen haben mir gezeigt, wie unangemessen dieser Satz sein kann. Das Problem ist nämlich ein zweifaches: Einerseits stimmt die Aussage einfach nicht, und der Betroffene weiß das auch. Und deshalb klingt es auch nicht echt. Selbst wenn man glaubt zu wissen, wie sich der andere fühlt, und selbst wenn Sie das Gleiche auch schon durchgemacht haben, so können Sie trotzdem nicht wissen, wie ich mich in dieser Situation fühle. Sie können es deswegen nicht, weil Sie nicht wie ich sind, mit meiner eigenen unverwechselbaren Persönlichkeit und meinen Gefühlen, mit meiner Herkunft und meinen Erfahrungen, mit meiner Familie und meinen Freunden. Genauso wenig weiß ich, wie Sie sich fühlen, wenn Sie leiden. Wenn Sie mir sagen, dass Sie wissen, wie ich mich fühle, dann habe ich das Empfinden, nicht ernst genommen zu werden. Denn ich weiß genau, dass es nicht stimmen kann.

Falls Sie wirklich etwas Ähnliches erlebt haben, so erzählen Sie mir das vielleicht, um mir zu zeigen, dass auch andere leiden müssen und das Leben trotzdem weitergeht. Wenn Sie das weitergeben wollen, dann sagen Sie es auch so, anstatt zu behaupten, Sie wüssten, wie ich mich fühle. Das tröstet mich wahrscheinlich auch nicht, weil ich zu diesem Zeitpunkt zu sehr mit meinem eigenen Schmerz beschäftigt bin, als dass ich darüber nachdenken könnte, dass ich diese Krise irgendwann überstanden haben werde. Ihr Blickwinkel ist ein anderer, Sie schauen zurück auf Ihre eigene Krise und sehen, wie Sie es überstanden haben. Aber ich stehe noch mitten drin. Ihre Erfahrung gibt mir nicht die Garantie, dass es bei mir genauso sein wird.

Obwohl es mich vielleicht nicht zu trösten vermag, so ist Ihre Versicherung, dass Sie und andere es überstanden haben, wenigstens nachprüfbar und wahr. Sie behaupten dann wenigstens nicht, dass Sie wissen, wie ich mich fühle, wobei ich ja genau weiß, dass das nicht stimmen kann. Sie sagen einfach nur, dass diese Zeiten sehr schwer sind und dass es Ihnen und auch anderen gelungen ist, solche Krisen durchzustehen. Wenn ich nicht völlig verschieden bin von meinen Mitmenschen, so gelingt es vielleicht auch mir, diese Krise zu überwinden.

Das Zweite ist, dass die Aussage, Sie wüssten, was ich fühle, eigentlich keinerlei Bedeutung hat. Glauben Sie, dass ich mich darüber freuen würde, wenn ich wüsste, dass es Ihnen genauso schlecht geht wie mir? Das was ich gerade durchmachen muss, würde ich noch nicht einmal meinem Feind wünschen geschweige denn einem meiner Freunde. Zu wissen, dass Sie so leiden müssen, wie ich das tue, würde mich nur noch mehr belasten. Aber ganz abgesehen davon tut es einfach nichts zur Sache, ob Sie wissen, wie ich mich fühle, oder nicht – das allein hilft mir nicht. Mir würde es helfen zu wissen, dass Ihnen etwas an mir liegt.

Lassen Sie es mich einmal so sagen: Nehmen wir an, Ihnen passiert etwas ganz Schlimmes. Nehmen wir weiter an, mir wäre irgendwann einmal das Gleiche passiert und wir würden uns kennen. Jetzt sage ich zu Ihnen: „Wissen Sie, ich weiß genau, wie Sie sich fühlen, ich habe das alles auch schon durchgemacht. Aber wissen Sie was? Ich weiß zwar, wie Sie sich fühlen, aber eigentlich interessiert es mich gar nicht."

Wir müssen nicht die Gefühle der Leidenden teilen, aber ihre Last!

Würde Sie das trösten oder Ihnen helfen? Natürlich nicht. Wenn ich jedoch sagen würde, ich weiß nicht, wie Sie sich fühlen, aber mir liegt sehr viel an Ihnen, und ich würde Ihnen gerne helfen, das wäre etwas ganz anderes. Denken Sie immer daran, diejenigen die leiden, fühlen sich verlassen, ohne Hoffnung und völlig ausgeliefert. Sie brauchen unser Mitgefühl und unsere tätige Hilfe, wann immer wir können. Wir müssen nicht ihre Gefühle teilen, sondern ihre Last! Es ist wirklich wichtig, den Unterschied zu erkennen, zwischen „Ich weiß, wie du dich fühlst!" und „Ich fühle mit dir!" Die erste Aussage identifiziert sich mit dem Betroffenen, mit der zweiten zeigen wir unser Mitgefühl.

„Sie müssen Ihre Einstellung zu Gott ändern, dann wird sich vieles zum Guten wenden"

Während die Monate kaum spürbar vergingen, nachdem wir die Diagnose erfahren hatten, sehnte ich mich danach, mit jemandem über meine Gefühle zu sprechen. Ein lieber Kollege, mit dem ich schon viele Jahre befreundet bin, bot mir seine Hilfe an. Ich begann ihm zu erklären, wie bestürzt ich über das ganze Geschehen war. Offenbar hatte Gott vor unserer Hochzeit Informationen über meine Frau zurückgehalten. Und später noch einmal, als wir vor der Frage standen, ob wir Kinder bekommen wollten.

Mit meiner Vorstellung von einem Gott, der alle Dinge kontrolliert und steuert, ließ sich diese Erfahrung kaum vereinbaren. Und selbst wenn ich der Überzeugung gewesen wäre, dass Gott eine weniger aktive Rolle in dieser Welt einnimmt, um dem Menschen mehr Freiraum zu lassen, so bin ich trotzdem der Meinung, dass Gott in dieser Situation zu unseren Gunsten hätte einschreiten müssen. Hatten wir nicht dafür gebetet, dass Gott uns führt und uns davor bewahrt, eine falsche Entscheidung zu treffen? Mein Freund antwortete mir, dass ich aufhören sollte, in so unterschiedlichen Denkmodellen von Gott zu reden. Ich sollte vielmehr versuchen zu erkennen, dass Gott alle unsere Vorstellungen von ihm sprengt.

Was mein Freund da sagte, war vollkommen richtig. Wir werden nie in der Lage sein, den heiligen und allmächtigen Gott mit unserem menschlichen Denkvermögen zu verstehen. Und trotzdem hat mir der Rat meines Freundes nicht wirklich geholfen. Zum einen ist sein Hinweis, Gottes Wesen gehe weit über unsere Vorstellungskraft hinaus, in sich schon wieder eine neues Modell von Gott.

Das eigentliche Problem aber war, mein Freund versuchte, mir klar zu machen, dass es mir besser ginge, wenn ich meine Vorstellung von Gott ändern würde. Ja, es stimmt, Leidende, die nicht an Gott glauben, sollten ihre Vorstellung von Gott ändern. Auch ein gläubiger Christ, der sich wenig mit dem Sein Gottes auseinandergesetzt hat, braucht dann vielleicht ein besseres Verständnis für das Wesen und die Eigenschaften Gottes. Ja, selbst einem Theologieprofessor könnte es nichts schaden, seine Vorstellungen neu zu überdenken, um ein genaueres Bild von Gott zu erhalten.

Das ist zwar alles richtig, aber es ist nicht unproblematisch zu glauben, damit eine Lösung für die Frage nach dem Bösen gefunden zu haben. Was also ist daran falsch, jemandem in dieser Situation zu sagen, dass er seine Sicht von Gott ändern muss? Es ist der falsche Weg, ein schwer wiegendes emotionales Problem auf der geistig-theoretischen Ebene lösen zu wollen. Verstehen Sie mich nicht falsch. Es kann durchaus sein, dass der Betroffene ein falsches Bild von Gott hat, und wir sollten ihm dann helfen, zu einem besseren Verständnis von Gott zu kommen. Wenn der Zweifel aber von tiefen emotionalen Verletzungen herrührt, so müssen diese zuerst behandelt werden. Man kann ein emotionales Problem nicht dadurch lösen, indem man dem Betroffenen sagt, er solle seine Vorstellung von Gott ändern. Und selbst wenn man seine Ansichten über Gott geändert hat, können die Schmerzen unverändert bestehen bleiben!

Dieser Rat meines Freundes hat unter Christen auch noch andere, durchaus verbreitete Erscheinungsformen. Eine davon lautet: „Wenn Sie ein Gottesverständnis hätten, das davon ausgeht, Gott habe alles fest im Griff, dann könnten Sie sich auf ihn verlassen." Eine weitere ist: „Wenn Sie nicht so sehr davon überzeugt wären, dass Gott seine Hand überall im Spiel hat, dann würden Sie ihn auch nicht für alles verantwortlich machen, was Ihnen passiert." Die verbreitetste Ansicht ist jedoch die: „Wenn solche Dinge geschehen, sind Sie doch bestimmt froh, daran glauben zu können, dass Gott die ganze Welt lenkt? Es ist doch tröstlich zu wissen, Gott hat alles unter Kontrolle und dass er bereits einen Ausweg für Ihre Situation bereit hält."

Die ersten beiden Kommentare geben einem deutlich zu verstehen, es kommt alles wieder in Ordnung, wenn man nur seine Sicht von Gott ändert. Über diesen Irrtum haben wir schon gesprochen. Die dritte Bemerkung legt dem Leidenden zwar nicht nahe, seine Vorstellung von Gott zu ändern, aber sie spricht davon, dass man durch den Glauben an Gott Trost finden kann. Glauben Sie bloß nicht, dass das jeden trösten wird. Ich glaube selbst daran, dass Gott die Geschicke dieser Welt lenkt, trotzdem empfand ich diese Aussage erschreckend und wenig hilfreich. Gerade weil ich überzeugt davon bin, dass Gott hinter allem steht, und weil es mir schien, als habe Gott mich irregeführt, hat mich meine Überzeugung nicht getröstet. Offen gesagt, habe ich sogar ziemlich oft daran gedacht, dass alles, was mir und meiner Familie zugestoßen ist, vielleicht einfacher zu ertragen gewesen wäre, wenn ich daran glauben würde, dass Gott eine weniger aktive Rolle in dieser Welt spielt. Dann würde auch unser Schicksal nicht so direkt von Gott gelenkt.

Worin bestand mein Problem? Sollte ich meine Überzeugung, dass Gott aktiv in unser Leben eingreift, aufgeben? Ganz und gar nicht. Wäre ich vom Gegenteil überzeugt, würde das, was geschehen ist, genauso unbarmherzig wehtun. Das Problem war, dass diejenigen, die solche Bemerkungen machten – mich eingeschlossen –, dachten, dass eine tiefe emotionale Wunde geheilt werden könnte, indem man sich ernsthaft Gedanken über Gott macht. Natürlich kommt irgendwann die Zeit für Erklärungen und für Fragen nach Gott und seinem Handeln. Wenn die eigenen Vorstellungen über Gott falsch sind, so kommt bestimmt irgendwann der Moment, sie zu überprüfen. Aber nicht dann, wenn der Schmerz noch so frisch ist und so tief sitzt!

Dieses Problem lässt sich nicht in erster Linie durch philosophische oder theologische Betrachtungen lösen, es verlangt vielmehr nach ermutigender Unterstützung. Jeder Fall hat seine eigene Dynamik, und man kann nie vorhersagen, wie lange es dauert, bis der Schmerz nachlässt und so weit in den Hintergrund tritt, dass der Betroffene in der Lage ist, ernsthaft und intensiv über seine Vorstellung von Gott nachzudenken. Eines ist zumindest sicher, bis dahin wird es dem Leidenden nichts helfen, wenn Sie ihn dazu bewegen wollen, sein Bild von Gott zu hinterfragen oder über den Inhalt seines Glaubens nachzudenken.

„Sie haben noch nicht die nötige geistige Reife, wenn Sie diese Situation nicht mit Freude ertragen können“

Es gab eine Sache, die mir in dieser Zeit der gefühlsmäßigen und geistlichen Verwirrung und des Umbruchs überhaupt nicht geholfen hat. Ich war beunruhigt darüber, wie ich auf unsere Situation reagierte, und ich fühlte mich schuldig, dass ich nicht über den Dingen stehen konnte. Schließlich erwartet man doch von einem Christen, dass er sich in allen Dingen freut und alles aushält, egal, um was es sich handelt. Darüber hinaus stand ich durch meine Führungsposition in der Gemeinde im Rampenlicht, und die Menschen schauten ganz genau hin, wie ich mit diesem Problem umgehen würde. Nach wie vor fiel es mir sehr schwer, damit fertig zu werden. Ich predige eigentlich oft, doch für ungefähr sechs Monate war ich weder seelisch, noch körperlich, noch geistlich dazu in der Lage. Ich wusste, dass alles, was ich sagen würde, heuchlerisch erscheinen musste, weil ich nichts von dem leben konnte, was immer ich auch predigte.

Ich fühlte mich schuldig, weil ich nicht über den Dingen stehen konnte.

Dies war alles verwirrend genug, aber meine Unsicherheit nahm noch mehr zu. Eines Tages hörte ich eine christliche Radiosendung. Ein Mann und eine Frau erzählten, dass sie ihre zwanzigjährige Tochter bei einem Autounfall verloren hatten. Sie berichteten darüber, was mit ihrer Tochter geschehen war und wie einige Menschen durch diesen Unfall zu Gott gefunden haben. Zum Schluss sagten sie, dass trotz des

Verlustes ihrer Tochter sich für sie alles zum Guten gewendet hätte. Es war gut, dass dies alles passiert sei.

Als ich das hörte, fühlte ich mich noch mehr schuldig. Es schien mir die höchste Stufe christlicher Reife zu sein, auch den grausamsten Schicksalsschlag hinzunehmen und zu sagen, das war das Beste für mich. Wenn das damit gemeint ist, siegreich in den Prüfungen des Lebens zu bestehen, so war ich weit davon entfernt. Ich konnte mich an dem Unheil, das mich und meine Familie befallen hatte und noch weiter befallen würde, nicht erfreuen. Aber war es nicht gerade das, was von mir erwartet wurde? Hat Paulus uns denn nicht gesagt: „Vergesst auch nicht, Gott für alles zu danken. Denn das erwartet Gott von seinen Kindern" (1. Thessalonicher 5,18)? Das Gefühl meiner Unzulänglichkeit wuchs.

In dieser Situation halfen mir die Worte meines Freundes und Kollegen sehr. Ich sagte ihm, dass mir klar sei, dass gerade in dieser Situation mein Christsein gefragt wäre. Aber muss ich deswegen alles, was geschieht, gut heißen? Ohne mit der Wimper zu zucken, antwortete er mir: „Du musst lernen, damit zu leben, aber das heißt nicht, dass du es gut finden musst!"

Für manche mag das ketzerisch klingen. Nach allgemeiner christlicher Überzeugung sollen wir uns an allem erfreuen und es froh aufnehmen, wenn schwere Schicksalsschläge uns treffen. Wenn man nicht in der Lage ist, auch Prüfungen als eine positive Erfahrung anzusehen, hat man noch nicht die richtige geistliche Reife erlangt – so wird es uns jedenfalls vermittelt. Ich erlaube mir, anderer Meinung zu sein. Diese Überzeugung wird uns nicht helfen, mit unserem Kummer fertig zu werden; sie wird lediglich dazu beitragen, dass wir uns schuldig fühlen, da wir nicht in der Lage sind zu tun, wozu wir meinen, berufen zu sein.

Mein Freund hatte Recht, und mir wurde während der folgenden Wochen und Monate auch klar, warum. Der Vers aus

1. Thessalonicher 5,18 wird oft missverstanden. Paulus meint damit nicht, dass wir für alles, sondern dass wir in allem dankbar sein sollen (d.h. während wir es erleben). Die Prüfung selbst ist etwas Negatives und nichts Gutes. Warum sollte ich Gott für das Böse danken? Und Jakobus sagt in Vers 1,2-4 nicht, dass das Leiden gut oder gar ein Grund zur Freude ist. Er sagt vielmehr, dass wir uns freuen sollen, wenn Anfechtungen kommen, weil Gott in diesen Prüfungen bei uns ist. Wir sollen uns freuen, weil wir erleben, dass Gott etwas bewirkt trotz der Widrigkeiten, die uns begegnen. Eine negative Erfahrung kann für Gott eine Gelegenheit sein, in unserem Leben etwas Gutes zu bewirken, aber das Leiden selbst ist nicht gut. Es ist und bleibt Unheil.

Da das Leiden böse ist, muss ich es auch nicht mögen. Wir leben in einer gefallenen Welt. Deshalb können solche Dinge geschehen. In der Bibel wird sehr deutlich, dass der Mensch aufgrund seiner Sünde dem Tod ausgeliefert ist (Römer 5,12). Stirbt ein Mensch, so gibt es einen Grund dafür, und viele sterben an einer unheilbaren Krankheit, und wenn Jesus nicht schon vor unserem Tod wiederkommt, wird jeder von uns sterben, weil wir in einer gefallenen Welt leben. Da das Leben in dieser Welt als Konsequenz der Sünde Krankheit und Tod auslöst, wie kann ich mich da freuen? Als Christ bin ich dazu aufgerufen, der Sünde und deren Folgen in all ihren Formen zu widerstehen. Wie kann ich dann jubeln, wenn die Folgen der Sünde jeden Menschen betreffen, sogar einen geliebten Menschen? Nein, wir müssen das nicht gut finden, und wenn wir den wirklichen Grund für Krankheit und Tod begreifen, dann umso weniger!

Auch aus einem anderen Grund ist es falsch, dass der Leidende für sein Leid dankbar sein sollte. Es ist falsch, weil es unsere Menschlichkeit ignoriert. Kummer und Leid als Folge eines tragischen Ereignisses sind sehr menschliche Gefühle. Wenn wir nicht zu ihnen stehen und sie nicht äußern, werden sie von uns Besitz ergreifen und uns zerstören. Heilung ist nicht möglich, wenn wir unsere Gefühle leugnen, wenn wir so tun, als ob es gut sei, dass uns Böses widerfährt. Gerade solche negativen Gefühle müssen geäußert werden. Man muss mit ihnen umgehen lernen, sie dürfen nicht verborgen bleiben, und der Betroffene darf nicht so tun, als sei alles in Ordnung. Wir können ihm nicht helfen, wenn wir von ihm erwarten, dass er seine zutiefst menschliche Seite verneint.

Diese Erkenntnis, dass ich nicht gutheißen muss, was geschehen ist, hat eine große Last von mir genommen. Auch andere Dinge haben mir geholfen. Ich wende mich nun von den Dingen, die mir nicht geholfen haben, zu denen, die mir eine Hilfe waren. Die Dinge, die ich im Folgenden beschreibe, haben sich nicht alle auf einmal ereignet. Und bei einigen hat es eine Weile gebraucht, bis ich sie verinnerlicht habe. Wenn Sie mit der Frage nach dem Bösen im Leben eines Christen ringen, so bin ich sicher, dass Sie das beim Lesen im Hinterkopf behalten. Es ist durchaus möglich, dass Ihnen im Augenblick keine der Antworten hilft, aber zögern Sie nicht, später noch einmal ganz oder teilweise darauf zurückzukommen.

3. Gottes Güte

Viele Dinge haben mir in dieser schweren Zeit nicht geholfen, aber für einige bin ich sehr dankbar. Etwas, das mir über diese Zeit hinweggeholfen hat, verdeutlichte mir mein Vater in einem Gespräch einige Wochen nach der Diagnose. Ich beklagte mich darüber, dass unsere Situation so hoffnungslos sei. Ich konnte mir nicht vorstellen, wie es weitergehen sollte, wenn sich Pats Zustand verschlechtern würde. Und die

Aussichten, dass ich das Ganze noch einmal mit einem oder mehrerer unserer Kinder durchmachen müsste, brachte mich an den Rand der Verzweiflung. Ich wusste nicht, wie ich damit umgehen sollte. In dieser Situation sagte mein Vater: „John, Gott hat nie versprochen, dass du die Gnade, die er dir morgen schenken möchte, schon heute bekommst. Er hat nur verheißen, dass er dir seine Gnade jeden Tag neu schenken will – und das ist alles, was du brauchst!"

Wie wahr! Diese Aussage erinnert mich zum einen an Gottes Gnade und zum anderen daran, dass immer ein Tag dem anderen folgt. Gott hat mir gezeigt, dass ich nicht die Zukunft vorwegnehmen muss. Ich weiß vielleicht nicht, wie es weitergehen soll, aber ich weiß, die Zukunft kommt Tag für Tag. An jedem neuen Tag gibt Gott mir und meiner Frau die Gnade und die Kraft, um jeder neuen Herausforderung zu begegnen. Das heißt natürlich nicht, dass alles einfach und unbeschwert wird, aber es bedeutet, dass Gott uns jeden Tag die Kraft gibt, die wir brauchen.

Diese Erkenntnis führte dazu, dass ich mich wieder auf das Heute konzentrierte und mir nicht mehr so viele Gedanken um die Zukunft machte. Ich nahm mir vor, Gott jeden Morgen um die Kraft zu bitten, die ich für den vor mir liegenden Tag brauchen würde. Da ich erlebte, wie Gott meine Gebete erhörte, wurde ich zuversichtlicher, dass er auch da sein würde, wenn die Schwierigkeiten zunähmen. Und so machte ich mir weniger Sorgen um die Zukunft, sondern konzentrierte mich auf den vor mir liegenden Tag und die Aufgaben, die er mit sich brachte.

Ein weiterer Punkt, der mir sehr geholfen hat, den ich jedoch zunächst nicht wahrnahm, war die Erkenntnis, dass Gott und einigen Menschen wirklich etwas an uns liegt. Ich habe das Gefühl von Verlassenheit und Hilflosigkeit ja schon beschrieben. Es ist ein Gefühl, als ob einem jemand eine schwere Last auf die Schultern legt, und keiner ist da, der einem tragen hilft. Als diese Gefühle übermächtig zu werden drohten, hat Gott mir durch einige Menschen gezeigt, dass er und andere darum wissen, was meine Frau und ich durchmachen – und dass sie sich um uns sorgen.

Ich nahm mir vor, Gott jeden Morgen um die Kraft zu bitten, die ich für den vor mir liegenden Tag brauchen würde.

Es gab einige eindrückliche Begegnungen. Kurz nachdem wir von Pats Krankheit erfahren hatten, kam mein Bruder Paul zu mir, um mir Mut zuzusprechen. Ich kann mich daran erinnern, dass er mir sagte, auch wenn du dich von allen verlassen fühlst, Gott ist bei dir und deiner Familie – er hat euch nicht verlassen. Zu diesem Zeitpunkt stand ich noch so unter Schock, dass ich mich noch nicht einmal verlassen fühlte. Aber Gott wusste, dass diese Gefühle sehr bald kommen würden, und so schickte er mir meinen Bruder.

Ich kann mich auch an einen wichtigen Besuch meines Pastors erinnern. Er kam von sich aus, weil er von unserer Situation gehört hatte und etwas tun wollte. Das Erste, was er sagte, ist mir noch gut in Erinnerung. Er sagte, er könne sich nicht vorstellen, wie ich mich fühle, aber er wolle uns wissen lassen, dass er an uns denkt und dass er und die Gemeinde uns helfen wollen, wo immer sie können. Das war genau das, was ich brauchte. Er sagte nicht viel mehr, aber er wollte für uns da sein und zuhören. Mit seiner Anwesenheit gab er uns zu verstehen, dass er mit uns fühlte. In einer Zeit, in der wir nicht wissen, wie wir mit Kummer umgehen sollen, wenn alles so hoffnungslos erscheint, brauchen wir jemanden, der für uns da ist und der uns helfen will.

Der Pastor besuchte uns regelmäßig und seinen Worten folgten Taten. Er stellte fest, dass an unserem Haus einiges renoviert werden musste. Daraufhin nahm er das selbst in die Hand und trommelte ein paar Leute aus der Gemeinde zusammen, die unserer Wohnung einen neuen Anstrich verpassten. Sie gaben uns auf ihre Art zu verstehen, dass sie uns liebten und ihnen Leid tat, was wir durchmachen mussten. Sie wollten uns dieses Mitgefühl spüren lassen. Ich war tief bewegt, weil Gott mir auf diesem Weg gezeigt hat, dass Menschen da sein würden, wenn ich für die Pflege meiner Frau noch mehr Hilfe bräuchte.

Und jetzt, wo Pat bei manchen alltäglichen Arbeiten im Haus Hilfe braucht, kommen Leute aus der Gemeinde und Freunde aus unserem Bekanntenkreis und helfen, wo sie können. Einige haben viel Zeit und Energie investiert: Welch ein schöner Beweis dafür, dass Gott uns liebt!

Nicht nur von Menschen aus der Gemeinde und von Freunden haben wir Mitgefühl und Unterstützung erfahren, sondern auch von Kollegen und Studenten der Universität, an der ich unterrichte. Die Studenten haben in Eigeninitiative jede Woche spezielle Gebetszeiten für uns eingerichtet. Auch die Kollegen beten für uns und fragen von Zeit zu Zeit, wie es uns geht und ob sie uns helfen können.

Auch die Angestellten in der Verwaltung haben auf verschiedene Art gezeigt, dass sie an uns denken und uns unterstützen. Es war für mich lange Zeit schwierig, mit dem Wissen um die schwere Erkrankung meiner Frau weiter zu unterrichten. Man machte mir jedoch keine Vorwürfe oder drohte damit, mich zu entlassen. Die Universitätsverwaltung reagierte stattdessen mit Geduld und Verständnis. Im ersten Jahr von Pats Erkrankung wurde ich für ein Semester freigestellt, so dass ich zu Hause an einer Forschungsarbeit schreiben konnte. Abgesehen von der emotionalen Anspannung litt ich unter solchen körperlichen Beschwerden, dass ich wirklich nicht wusste, wie ich in diesem Semester auch nur eine Seite schreiben sollte. Ich sprach darüber mit dem Präsidenten und dem Dekan und schlug vor, das Freisemester zu verschieben. Sie handelten ganz unbürokratisch und ermöglichten mir, das

Semester zu Hause zu verbringen, zum einen, um mich zu erholen und zum anderen, um – wenn möglich – wissenschaftlich zu arbeiten. Sie sagten mir aber, ich solle mir keine Gedanken darüber machen, wie weit ich mit meiner wissenschaftlichen Arbeit käme. Ich habe in dieser vorlesungsfreien Zeit viel geschafft, aber was für mich zählte, war einzig und allein das Mitgefühl in einer so schwierigen Zeit.

Diese und viele andere Begebenheiten haben mich davon überzeugt, dass es Menschen gab, denen wirklich etwas an uns lag, und dass sie auch da sein würden, wenn es uns schlechter ging. Für mich waren das auch Zeichen Gottes – er kümmerte sich um uns. Dies alles half mir sehr, die Gefühle von Verlassenheit, Hoffnungslosigkeit und Hilflosigkeit zu überwinden. Mir wurde in dieser Situation sehr deutlich, dass Gott sich um mich sorgte und für mich da war.

Es gibt noch etwas, das ich bisher nicht erwähnt habe. Nachdem der Arzt die Diagnose gestellt hatte und noch bevor wir uns eine weitere Meinung einholten, forderten wir aus New York eine Kopie der Krankenakte meiner Schwiegermutter an. Wir erhielten die Akte, weil meine Schwiegermutter bereits zehn Jahre tot war und weil wir dem Krankenhaus die Situation meiner Frau klar machten.

Sofort nachdem wir die Unterlagen erhalten hatten, fing ich an, darin zu lesen. Meine Schwiegermutter war 1967 in dem Krankenhaus aufgenommen worden, fünf Jahre vor unserer Hochzeit. Ich konnte nicht alles verstehen, was ich las, aber eine Sache empörte mich sehr: Einige Monate nach ihrer Ankunft im Krankenhaus wurde die Diagnose „Huntingtonsche Krankheit“ in ihre Akte eingetragen. Die Information, die uns unsere jetzige Situation erspart hätte, war schon fünf Jahre vor unserer Hochzeit bekannt. Die Information, die uns davon abgehalten hätte, Kinder zu bekommen und ihnen dieses Bürde mit auf den Weg zu geben, lag schon 1967 vor. Zwanzig Jahre lang war es bekannt, und wir hatten keine Ahnung, niemand hatte uns etwas gesagt, obwohl wir so eingehend danach gefragt hatten.

Als ich das las, wurde ich wütend. Und Ihnen ist jetzt bestimmt klar, warum ich so wütend war und warum ich mich betrogen und getäuscht fühlte.

In den darauf folgenden Monaten und Jahren habe ich eine andere Sichtweise gewonnen. Die für uns so wichtige Information gab es schon seit zwanzig Jahren, und wir hätten es jederzeit herausfinden können. Warum hat Gott sie uns erst 1987 gegeben? Als ich über diese Frage grübelte, wurde mir Gottes Liebe und Fürsorge dahinter bewusst. Gott hat uns diese Information vorenthalten, weil er wollte, dass wir heiraten. Pat ist eine großartige Frau. Ein Leben ohne sie wäre umso vieles ärmer gewesen, ich hätte auf manche glückliche Erfahrung verzichten müssen, wenn wir vorher von der Krankheit gewusst hätten. Gott wollte auch, dass unsere drei Söhne das Licht der Welt erblickten. Jeder von ihnen ist ein Segen und ein Schatz für uns, auf den wir hätten verzichtet müssen, wenn uns die Krankheit bekannt gewesen wäre. Gott wusste auch, dass wir die Gemeinschaft von Brüdern und Schwestern in der Gemeinde und am Seminar brauchten, die uns liebten und uns in unseren schwersten Stunden beistehen würden. Er hat also diese Information nicht deshalb zurückgehalten, weil er aus Versehen vergessen hatte, sie uns mitzuteilen, oder weil er ein sorgloser, böser Gott ist, der seine Nachfolger gerne leiden sieht. Ich bin zu der Überzeugung gelangt, dass er dieses Wissen als Zeichen seiner großen Güte zurückgehalten hat. Es gibt nie einen guten Zeitpunkt, so etwas jemandem mitzuteilen, aber Gott wusste, dass es genau der richtige Zeitpunkt war.

Ich habe bereits ausführlich beschrieben, wie wichtig es ist, den Leidenden spüren zu lassen, wie sehr einen sein Schicksal bewegt. Wir müssen wirklich zeigen, dass wir uns um ihn sorgen, nicht nur in Worten, sondern auch in Taten. Vor allem dürfen wir den Leidenden nicht aus dem Weg gehen. Diejenigen, die versuchten, Hiob zu trösten, machten jede Menge Fehler, aber eines war entscheidend: Als sie von seinem Leid erfuhren, gingen sie zu ihm und saßen bei ihm, sieben Tage und sieben Nächte, ohne ein Wort zu sagen.

Für die Leidtragenden da sein, auch wenn unsere Hilfe nur darin besteht, ihnen zuzuhören.

Wir müssen für die Leidtragenden da sein, auch wenn unsere Hilfe nur darin besteht, ihnen zuzuhören. Es liegt in der menschlichen Natur, sich zurückzuziehen, aus Angst, etwas Falsches zu sagen. Seien Sie auf jeden Fall da, auch wenn Sie gar nichts sagen. Ihre Anwesenheit und die Bereitschaft zuzuhören und zu helfen, sprechen für sich. Wenn wir uns von dem Leidenden distanzieren, so bestätigen wir dessen schlimmste Befürchtung, dass da keiner ist, der sich um ihn kümmert und ihm hilft. Zeigen Sie ihm, dass doch jemand da ist, der hilft, und zwar nicht nur im ersten Moment des Schocks, sondern auch in den folgenden Tagen, Monaten und Jahren. Man erholt sich nie vollständig von einem solchen Schicksalsschlag. Das Gefühl, auf die Liebe und die Sorge anderer angewiesen zu sein, hört nicht abrupt auf.

Während wir mitten in unseren Problemen steckten, wurde ich ganz deutlich daran erinnert, wie schwer es ist, ohne Hoffnung weiterzuleben. Ich spürte erst etwas Erleichterung von meinen Schmerzen, als ich einen Hoffnungsschimmer am Horizont entdeckte. Die Tatsache, dass Gott und andere sich um uns kümmerten, und die Erkenntnis, dass Gott Kraft für jeden neuen Tag gibt, waren für mich Grund zur Hoffnung. Außerdem machten uns Freunde, die unsere Situation kannten und um die Krankheit wussten, auf einige weitere Gründe aufmerksam, die uns Hoffnung gaben. Zum einen geht die Erforschung dieser Krankheit weiter. Die Fortschritte in der Genforschung lassen berechtigte Hoffnung zu. Möglicherweise kommt dies alles für meine Frau zu spät. Aber ein Grund zur Hoffnung ist, dass die Krankheit in ihrem Fall sehr langsam voranschreitet. Obwohl sich ihr Zustand in den letzten Jahren zusehends verschlechtert hat, geht es ihr noch besser, als man das erwarten konnte. Es ist auch möglich, dass sich das Fortschreiten der Krankheit in den nächsten Jahren verlangsamt. Für unsere Kinder gibt es noch mehr Hoffnung, da für die medizinische Forschung zehn oder fünfzehn Jahre ein langer Zeitraum sind.

Sind die Hoffnungen unbegründet? Ich glaube nicht. Es ist ganz wichtig, dass Menschen einen Grund zur Hoffnung haben. Wir dürfen keine falschen Hoffnungen wecken, aber wenn es wirklich einen Grund zur Hoffnung gibt, dann sollten wir ihn auch nennen. Einige meiner Kollegen waren in dieser Hinsicht besonders einfühlsam. Wenn irgendwo in einer Zeitung oder Zeitschrift ein Artikel mit neusten Forschungsergebnissen zu Pats Krankheit erschien, egal, wie klein oder unbedeutend die Fortschritte auch waren, dann haben sie mir den Artikel aufgehoben. Sie haben erkannt, wie schwer es ist, ohne Hoffnung zu leben, und so machten sie mich auf alles aufmerksam, was mir Hoffnung geben konnte.

Was mir auch geholfen hat, war, mir bewusst zu machen, dass Gott gut ist. Besonders ein Ereignis hat mir das vor Augen geführt. Nach etwas mehr als einem Jahr, nachdem wir von der Krankheit meiner Frau erfahren hatten, musste ich mich am Seminar einer Unterrichtsüberprüfung stellen. In der darauf folgenden Besprechung stellte man mir eine Frage, die mich etwas aus der Bahn warf: „Angesichts dessen, was Sie durchgemacht haben, können Sie da noch sagen, dass Gott gut ist?“ Obwohl ich die Frage bejahte, zögerte ich doch etwas. Mir wurde klar, dass ich so sehr auf meine Probleme fixiert war und darauf, was Gott nicht getan hatte, dass ich darüber all das Gute aus dem Blick verloren hatte, was mir Gott jeden Tag neu schenkt.

In den folgenden Monaten dachte ich viel darüber nach, wie viel Gutes es doch in unserem Leben gibt. Ich glaube, dass es sehr hilfreich ist, einmal darüber nachzudenken, was Gott an Gutem getan hat, unabhängig davon, welche leidvolle Erfahrung man vielleicht gerade durchmachen muss. Auch wenn einem eine Situation unerträglich erscheint, wird man bei näherem Hinsehen erkennen, dass es auch noch schlimmer hätte kommen können. Die Wohltaten aufzuzählen, die einem geschenkt wurden, kann einem unbedeutend erscheinen, aber es eröffnet eine neue Perspektive auf die übermächtig scheinenden Schwierigkeiten.

In unserem Fall gab es viele Belege für Gottes Güte. Zum einen ist im Fall meiner Frau die Krankheit in den ersten Jahren sehr langsam fortgeschritten. Als die Ärzte davon erfuhren, wie lange Pat bereits die ersten Anzeichen für ihre Krankheit hatte, und als sie gesehen haben, wie Pats Zustand jetzt ist, da konnten sie es kaum glauben. Aufgrund der Tatsache, dass es für die Huntingtonsche Krankheit keine Therapie gibt, ist es Gott allein, der etwas für uns tun kann. Ich habe erkannt, dass Gott etwas getan hat, auch wenn es oft einen anderen Anschein hat. Es gibt keine Garantie für den weiteren Verlauf der Krankheit, aber für die zusätzlichen Jahre, die meine Frau trotz der Krankheit relativ normal verbringen konnte, kann ich sehr dankbar sein.

Die Liebe und das Mitgefühl, das uns andere Christen schenken, wird nicht weniger, und von Zeit zu Zeit werde ich wieder an Gottes Güte erinnert, wenn ich beispielsweise von Menschen aus aller Welt höre, die von unserem Schicksal erfahren haben und für uns beten. Auch habe ich oft gedacht, dass es ein Segen ist, in der heutigen Zeit zu leben. Im letzten Jahrhundert (und früher sowieso) war die Huntingtonsche Krankheit wenig bekannt. Jetzt weiß man, dass diese Krankheit körperliche Ursachen hat und keine Geisteskrankheit ist. Außerdem wurde im letzten Jahrzehnt das krankheitsauslösende Gen entdeckt. Ärzte und Forscher arbeiten weiterhin an der Bekämpfung und vielleicht an der Heilung dieser Krankheit. Meine Frau hätte auch zu einer anderen Zeit mit dieser Krankheit leben können. Dass sie und unsere Kinder heute leben, sehen wir als ein weiteres Zeichen von Gottes großer Güte.

Wenn ich darüber und über viele andere Dinge nachdenke, so kann ich mit Fug und Recht behaupten, dass Gott gut zu uns ist und es immer war. Man macht es sich zu leicht, wenn man sich nur auf das konzentriert, was nicht so gut läuft. Aber wenn wir uns bewusst machen, dass wir in einer Welt leben, in der das Böse eine Realität ist und in der die Sünde immer mehr an Boden gewinnt, so ist es erstaunlich, dass überhaupt etwas richtig läuft. Die Tatsache, dass es noch so viel Gutes gibt, ist ein eindeutiger Beweis für Gottes Güte und Gnade. Wir haben sie sicherlich nicht verdient, und er ist nicht verpflichtet, sie uns zu geben – aber er tut es.

In den letzten Jahren wurde ich immer wieder an den ersten Brief des Petrus (5,7) erinnert. Darin heißt es: „Überlasst alle eure Sorgen Gott, denn er sorgt für euch." Normalerweise betonen wir den ersten Teil dieses Verses, indem wir uns gegenseitig daran erinnern, dass wir uns über das, was geschieht, keine Sorgen zu machen brauchen. Im zweiten Teil des Verses wird erklärt, warum dies so ist. In meinen Augen ist dieser Teil noch wichtiger. Petrus hätte auch sagen können: „Überlasst alle eure Sorgen Gott, denn er ist mächtig genug, etwas für euch zu tun." Oder: „Weil er die Antwort auf all' eure Fragen kennt." Jeder dieser Gedanken wäre genauso richtig gewesen wie das, was Petrus geschrieben hat, aber ich bin froh, dass es Petrus genau so aufgeschrieben hat. Es ist, als ob er sagen würde: „Natürlich ist er mächtig und intelligent genug, etwas an unseren Problemen zu ändern. Er wäre nicht Gott, wenn er es nicht könnte. Was wir allerdings wissen wollen, ist doch, ob er sich genügend um uns sorgt, um uns dann auch wirklich zu helfen. Und genau das tut er!" Ja, Gott sorgt sich um uns. In unserem ganzen Leben können wir Zeichen von Gottes Fürsorge erkennen – wenn wir nur offene Augen dafür haben. Gott sorgt für uns, weil er gut ist. Diese Wahrheit im Blick zu behalten und über die vielen Ausdrucksformen seiner Güte nachzudenken, hilft dem Leidenden, sich mit seiner Situation zu versöhnen.

4. Die Zukunft ist verborgen

Trotz aller Ermutigungen tauchte in dieser persönlichen Krisenzeit doch immer wieder die nagende Frage auf, warum dies ausgerechnet uns passieren musste. Nicht nur, weil meine Frau bewusst als Christ lebte, sondern vor allem deshalb, weil es nicht eine Strafe Gottes für irgendeine Sünde sein konnte, die sie in ihrem Leben begangen hatte. Dass sie diese Krankheit bekommen würde, stand in dem Moment fest, als sie gezeugt wurde!

Der Zorn über die Sünde

Als ich darüber nachdachte, kam mir eine nicht beliebte, aber sehr wichtige biblische Wahrheit in den Sinn. Gott hat Adam und Eva gesagt, dass sie sterben müssten, wenn sie nicht gehorchen würden (1. Mose 2,17). Sie missachteten seine Worte und wurden verstoßen. Der Apostel Paulus erinnert uns daran, dass die Sünde in die Welt gekommen ist (Römer 5,12), und das gilt für alle Menschen. Anders gesagt, die Sünde Adams und deren Folgen werden der ganzen Menschheit zugeschrieben. Aber wenn ein Mensch stirbt, so hat sein Tod eine bestimmte Ursache. Es gibt viele verschiedene Todesursachen, eine Krankheit ist nur eine davon. Wenn man das begreift, versteht man, dass meine Frau, obwohl sie in ihrem Leben keine spezielle Sünde begangen hat, die eine solche Krankheit rechtfertigt, dies alles aufgrund der Sünde Adams erleiden muss – obwohl sie nicht mehr und nicht weniger Verantwortung dafür trägt als du und ich. Dieser Gedanke ist zwar nicht sehr tröstlich, aber er erinnert uns daran, dass der Grund in uns selber und nicht in Gott liegt. Und Gott hat uns gewarnt.

Wir können daraus lernen, welche Auswirkungen die Sünde hat und dass wir uns von ihr fern halten müssen. Kurz nachdem wir von Pats Krankheit erfahren hatten, habe ich von einem Freund, der Dozent an einem anderen Seminar ist, eine etwas merkwürdige Beileidsbekundung erhalten. Er schrieb, dass es ihm Leid tut, diese Neuigkeiten zu hören, und dann: „Ich kann mir vorstellen, wie zornig du jetzt auf die Sünde sein musst." Offen gestanden dachte ich, dass dies eine merkwürdige Art sei, jemanden zu trösten. Ich wusste, dass ich als allerletztes auf die Sünde zornig war, ich hatte mir darüber überhaupt keine Gedanken gemacht.

Doch als ich über den Satz meines Freundes nachdachte, erkannte ich, wie recht er hatte. Diese Art von Tragödie geschieht, weil wir in einer gefallenen Welt leben. Wir denken vielleicht, dass unsere Sünden unbedeutend sind. Aber wenn man mit einer Krankheit, die voraussichtlich tödlich endet, konfrontiert wird oder wenn man am Grab eines geliebten Menschen steht – so wird uns unmissverständlich klar, wie furchtbar die Sünde ist. Gott hat uns gesagt, wohin unsere Sünde führt, aber wir nehmen seine Warnung nicht ernst, bis uns solche Dinge zustoßen.

Wir halten die Sünde vielleicht für eine Banalität, aber sie ist es nicht. Wir denken vielleicht, dass eine Bestrafung in Form von Krankheit, Schwierigkeiten oder Tod viel zu übertrieben ist für ein kleines Fehlverhalten. Das zeigt jedoch, wie weit wir davon entfernt sind, die Dinge so zu sehen, wie Gott sie sieht. Wir leben ganz gut mit der Sünde und glauben, dass unsere kleinen Sünden sowieso nicht ins Gewicht fallen. Aber vom Standpunkt Gottes aus, der selbst ohne Sünde ist, ist jede Sünde eine Katastrophe.

Vom Standpunkt Gottes aus ist jede Sünde eine Katastrophe.

Betrachten wir es doch einmal von einer anderen Seite. Wenn Sie Vater oder Mutter sind, dann wissen Sie, was es heißt, Kinder in diese Welt zu setzen, sie zu ernähren und ihre Bedürfnisse zu stillen. Sie lieben sie sehr und drücken diese Liebe auf unterschiedliche Art und Weise aus. Im Gegenzug erwarten Sie von Ihren Kindern, dass sie Ihnen gehorchen. Aber wie fühlen Sie sich, wenn die Kinder nicht wie erwartet auf Sie hören? Der Ungehorsam wiegt für Sie sicherlich schwerer als für die Kinder. Wie viel mehr muss es Gott, der uns so viel geschenkt hat und der jeden Augenblick unseres Lebens erhält, verletzen, wenn wir ungehorsam sind. Wir müssen lernen, die Sünde der Menschen in einem anderen Licht zu sehen.

Mein Freund hatte Recht. Wir müssen die Sünde aus der Sicht Gottes sehen, nicht aus unserer eigenen. Wir müssen sie bekämpfen, ja hassen. Wenn wir erkennen, wohin die Sünde uns letztendlich führt, dann fangen wir an zu verstehen, wie ernst wir sie nehmen müssen und wie sehr wir ihr widerstehen sollten. Ich glaube nicht, dass dies für viele unter uns ein Trost ist, aber es hilft vielleicht, unseren Zorn in die richtige Richtung zu lenken. Es hilft uns vielleicht auch, Gott besser zu verstehen, weil wir erkennen, dass wir diese Dinge letztendlich selber zu verantworten haben. Gott hat uns gewarnt, aber wir haben nicht gehört. Gott sei Dank, dass er trotzdem uns in unserem Leiden zuhört, vergibt und die Dinge wieder zum Guten wendet!

Indem Sie anderen helfen, helfen Sie sich selbst

Ich habe bereits zuvor erwähnt, dass auch ich körperliche Beschwerden hatte und dass der Stress, den das Wissen um die Krankheit meiner Frau ausgelöst hatte, meine Probleme noch verschlimmerte. Innerhalb von nur wenigen Monaten hatte ich so große Schmerzen, dass ich für niemanden mehr eine Hilfe sein konnte. Mir fehlte einfach die Kraft zu predigen, noch hatte ich die Energie zu unterrichten. In mir wuchs das Gefühl, dass unsere Situation aussichtslos, ja hoffnungslos und ich selbst nutzlos war. Ich vergrößerte nur die Probleme, weil auch ich Aufmerksamkeit benötigte, die an anderer Stelle wichtiger gewesen wäre. Wie das bei vielen Menschen der Fall ist, so ist mein Selbstwertgefühl zum größten Teil von meiner Arbeit und meiner Produktivität abhängig. Und so wurde das Gefühl der Hoffnungslosigkeit schlimmer, je mehr ich in die Lage kam, nicht mehr zu „funktionieren“.

Mitten in diesem Dilemma gab mir Gott die Gelegenheit, anderen zu helfen. Das war genau das, was ich brauchte, weil ich dadurch die Chance erhielt, mich nicht mehr nur auf meine Probleme, sondern auf die Bedürfnisse anderer Menschen zu konzentrieren. Darüber hinaus gab es mir das Gefühl, gebraucht zu werden und nützlich zu sein. Nach und nach bekam ich wieder Kraft und konnte mich wieder mehr einsetzen. Ich war dankbar, dass ich mich bewähren konnte, auch wenn es nur darum ging, denjenigen zu helfen, die uns Liebe und Mitgefühl hatten zuteil werden lassen.

Wenn Sie selbst mit Schmerzen zu kämpfen haben, versuchen Sie einmal anderen zu helfen. Sich um andere zu kümmern, für andere da zu sein und die Aufmerksamkeit von den eigenen Problemen abzulenken, ist von hohem therapeutischen Nutzen. Meine eigenen Lasten waren auf einmal nicht mehr so schwer, und ich erkannte, wenn andere mich brauchten, und sei es nur meine eigene Familie, so war ich mit Gottes Hilfe in der Lage zu helfen.

Wohin führt uns dieser Weg?

Nach einigen Wochen des Kummers und kleinen Schritten der Heilung, begann ich mich zu fragen, wie ich letztendlich auf unsere Probleme reagieren würde. Ich dachte über die Alternativen nach. Würde ich weiterhin leiden und mich zurückziehen? Diesen Weg hatte ich schon ausprobiert, aber er führte zu nichts. Auf diese Weise verbesserte sich meine Lage kaum, und ich war den anderen nicht gerade eine große Hilfe. Meine Frau brauchte immer noch ihren Mann, meine Kinder ihren Vater, meine Studenten ihren Lehrer; mich ganz zurückzuziehen würde keinem helfen. Diese Möglichkeit schien in eine Sackgasse zu führen. In der Bibel heißt es, es gibt eine Zeit zum Klagen (Prediger 3,4), aber dann muss das Leben weitergehen.

Eine andere Alternative war, mein Leben weiter zu leben, jedoch ohne Gott. Viele Menschen wählen in Zeiten des Leidens diesen Weg. Sie ziehen aus ihrer Situation den Schluss, dass es entweder keinen Gott gibt oder dass es einen gibt, von dem sie aber nichts wissen wollen. Keine dieser Möglichkeiten war für mich akzeptabel. Obwohl ich immer noch etwas zornig auf Gott war, so hatte ich doch zu viele Beweise seiner Gegenwart in meinem Leben erfahren, als dass ich seine Existenz hätte leugnen können. Es erschien mir sinnlos zu behaupten, es gäbe keinen Gott oder er kümmere sich nicht um uns.

Die Existenz Gottes zu leugnen, war für mich in keinster Weise befriedigend, aber die Vorstellung, ihn bekämpfen zu müssen, war auch nicht besser. Gottes Güte, die ich während meines ganzen Lebens erfahren hatte, machte es unmöglich – selbst unter den jetzigen Umständen –, mich von ihm abzuwenden. Auch wenn er nicht verhindert hat, dass uns dies passiert ist, so war er gewiss nicht derjenige, der diese Krise ausgelöst hat. Außerdem ist es unsinnig, jemanden zu bekämpfen, gegen den man nie und nimmer gewinnen kann. Darüber hinaus ist es mehr als verrückt, sich von jemandem abzuwenden, der die einzig mögliche Antwort auf unsere Probleme ist und mit Sicherheit nicht deren Ursache.

Die Existenz Gottes zu leugnen, war für mich in keinster Weise befriedigend, aber die Vorstellung, ihn bekämpfen zu müssen, war auch nicht besser.

Eine andere Alternative bestünde darin, das Wagnis einzugehen und darauf zu vertrauen, dass all dies irgendwie einen Sinn ergibt, obwohl ich noch weit davon entfernt bin, diesen zu erkennen. Mit anderen Worten, ich könnte meine kritischen Anfragen einfach ignorieren und mich in Gottes Arme fallen lassen in der Hoffnung, dass er mich auffängt. Für manche scheint das eine reizvolle Alternative, ich konnte damit nicht leben. Es liegt nicht in meiner Natur, den Verstand komplett auszuschalten. Die Fragen und die innere Unruhe würden mich so lange beschäftigen, bis mein Verstand zur Ruhe gekommen ist. Ich erwartete nicht, auf alles Antworten zu finden, aber einige musste ich finden.

Die einzig wirkliche Alternative für mich war eindeutig, weiterhin Gott zu vertrauen, ihn zu ehren und mein Leben fortzuführen. Ich musste den scheinbar grenzenlos tiefen Kummer bewältigen und es zulassen, dass meine Gefühle weiter heilen konnten. Ich musste in meinem inneren Kampf Antworten finden, die einerseits meine Gefühlsebene befriedigen und die auf der anderen Seite dem kritischen Hinterfragen meines Verstandes Frieden geben konnten. Mir war natürlich klar, dass ich nicht darauf warten konnte, bis ich all diese Antworten gefunden hatte, da zu viele Menschen meine Hilfe brauchten und es auch für mich wichtig war, Hilfe leisten zu können.

Als ich mich meinen Sorgen auf diese Art und Weise neu näherte (denn irgendwann kommt immer der Punkt, an dem man sich entscheiden muss, was man weiter tut), gelang es mir, den Blick mehr auf die positiven Dinge zu richten. Der Prozess der Heilung und der Auseinandersetzung mit unserer Situation hält bis heute an und wird es sicherlich bis zu meinem Lebensende tun. Ich ringe immer noch mit diesen Fragen, und für mich ist es immer noch sehr schmerzhaft, dem Fortschreiten von Pats Krankheit zuschauen zu müssen. Aber Gott hat mir die Kraft gegeben, weiter zu leben, und der Umgang mit den Verletzungen macht Fortschritte.

Gott verbirgt die Zukunft vor uns, damit wir ihm vertrauen

Gott ist nicht nur da, wenn der Schock über ein tragisches Ereignis noch frisch ist. An verschiedenen Punkten entlang des Weges hören wir – wenn wir dafür offen sind – seine Worte. Eines dieser hilfreichen Worte steht im Prediger Salomo (7,13-14). Dort heißt es sinngemäß, dass Gott die Zukunft vor uns verbirgt, damit wir ihm vertrauen:

Halte dir vor Augen, was Gott tut! Wer kann gerade machen, was er gekrümmt hat? Wenn es dir gut geht, dann freu dich über dein Glück, und wenn es dir schlecht geht, dann bedenke: Gott schickt dir beides, und du weißt nie, was die Zukunft bringen wird.

Bei dieser Bibelstelle muss man den Textzusammenhang beachten. Das siebte Kapitel des Predigers enthält eine Reihe von Aphorismen und Sprüchen, und es ist nicht immer leicht, deren Zusammenhang zu erkennen. Allgemein ist in Kapitel sieben die Rede von Dingen, die auf den ersten Blick nicht wünschenswert sind, um dann zu zeigen, dass sie trotzdem einen gewissen Nutzen haben. Im vorangegangenen Kapitel wird aufgezeigt, dass auch die Dinge, die zunächst gut erscheinen, ihre Schattenseiten haben. Letztendlich lautet die Botschaft, dass wir die Ereignisse nicht immer nach dem ersten Eindruck beurteilen können, und wir sollten schon gar nicht damit rechnen, alles zu verstehen. Wenn dies für unser Tun und unsere Erfahrung zutrifft, wie viel mehr muss es dann für Gott und seine Wege zutreffen.

Insbesondere in den Versen 13-14 betont der Autor des Predigers die Allmacht Gottes. Man könnte denken, die Zeile: „Wer kann gerade machen, was er gekrümmt hat?" bedeutet, dass wir nicht in der Lage sind, wenn Gott etwas zulässt, das uns böse erscheint, es in etwas Gutes zu verwandeln (im Sinne von „gerade machen"). Mit anderen Worten, wir können gegen Gottes mächtige Hand nichts ausrichten. Diese Auslegung trifft sicherlich auf Vers 14 zu, wo gesagt wird, dass Gott Glück und Unglück bewirkt. Aber ich bin der Meinung, der Autor hat diese Verse noch aus einem allgemeineren Blickwinkel geschrieben. Dieser lautet: Genauso wie niemand etwas gerade machen kann, was Gott gekrümmt hat, so kann auch niemand etwas krümmen, was Gott gerade gebogen hat. Niemand kann rückgängig machen, was Gott getan hat, die Menschen müssen sich Gottes Plan beugen.

Daraus lässt sich folgern, dass sowohl Unglück als auch

Wohlstand in Gottes Hand liegen. Tatsächlich bestätigt dies der Prediger in Vers 14. Gott sendet sowohl das Glück als auch das Unglück. Er sagt, dass wir uns an den Tagen, wo es uns gut geht, erfreuen sollen. Aus Angst vor der Zukunft sind wir vielleicht sogar an guten Tagen beunruhigt. Diese Sorgen helfen uns nicht, die Zukunft zu bewältigen, aber sie können das Glück des Augenblicks zerstören.

Der Prediger sagt weiter, dass wir an schlechten Tagen „bedenken" sollen. Er sagt nicht, dass wir an schlechten Tagen traurig sein sollen über das, was geschehen ist – das ergibt sich meistens von selbst. Stattdessen sollen wir über das Geschehene nachdenken, über den Wechsel von gut und böse, um dann zu erkennen, dass niemand sagen kann, wann sich das eine oder das andere ereignet. Und tatsächlich kann sich das, was zuerst gut erscheint, als böse herausstellen und umgekehrt. Die Dinge sind nicht immer das, für was wir sie halten.

Warum lässt Gott Gutes und Böses geschehen? Warum offenbart er uns nicht, wie die Dinge ausgehen werden? Gott tut dies, um die Zukunft vor uns zu verbergen („du weißt nie, was die Zukunft bringen wird"). Warum? Wenn wir nicht wissen, was auf uns zukommt, müssen wir darauf warten, dass Gott uns zeigt, was als Nächstes geschehen wird. So lernen wir, ihm ganz zu vertrauen. Vielleicht sind wir geneigt, das was Gott tut, ändern zu wollen, aber das können wir nicht (Prediger 7,13). Wir müssen uns seinen Plänen beugen und einfach vertrauen. Wenn wir wüssten, was uns erwartet, so würden wir sicher anfangen, uns darüber Gedanken zu machen, wie wir reagieren könnten. Wir wären vielleicht sogar der Meinung, dass wir manches ändern könnten. Kurz gesagt, wir könnten zu dem Schluss kommen, dass wir Gott gar nicht nötig haben.

Gott verbirgt die Zukunft vor uns, damit wir ihm vertrauen. Diese Aussage paßt genau in die Situation unserer

Familie. Sie war nicht nur von Bedeutung für unser Leben, bevor wir die Nachricht von der Krankheit erhielten – eine Nachricht, die schon so lange bekannt, aber vor uns verborgen war – nein, diese Wahrheit ist auch jetzt von Bedeutung, während wir über den weiteren Verlauf der Krankheit und über die Zukunft unserer Kinder nachdenken.

Was sind die Auswirkungen dieser Wahrheit? Wenn Gott die Zukunft vor uns verbirgt, so dass wir ihm vertrauen müssen, bedeutet das dann, dass Gott Menschen und Ereignisse manipuliert, nur damit wir ihn lieben und ihm vertrauen? Ist es möglich, dass er unsere Liebe und unser Vertrauen nur auf diesem Wege erhält, indem er Dinge und Ereignisse beeinflusst, um damit unser Vertrauen zu erzwingen? Wenn das so wäre, wäre Gott unser Lob und unsere Anbetung nicht wert! Dann wäre er auch kein gütiger Gott! Vielmehr wäre er ein heimtückischer, manipulierender Gott, der uns nur zu seinem Vorteil erschaffen hat und dem wir letztendlich egal sind.

All dies ging mir durch den Kopf, und mir wurde klar, dass Gott ganz und gar nicht böse ist. Dass Gott die Zukunft im Dunkeln lässt und wir ihm vertrauen müssen, geschieht aus Erbarmen und nicht um uns zu manipulieren. Eine ganze Reihe von Gründen spricht dafür, dass sich gerade darin seine Barmherzigkeit zeigt.

Wenn wir wüssten, was in Zukunft auf uns zukommt, so würde sich das sicherlich zu unserem Nachteil auswirken. Angenommen, unsere Zukunft verliefe positiv. Wir wären sicher erleichtert, dies zu hören, aber die Freude, dies selber zu entdecken, wäre dahin. Ereignisse, die wir erleben, würden nicht mehr die Begeisterung und Freude hervorrufen, die eine Überraschung mit sich bringt. Wir würden uns langweilen, weil uns die Vorfreude genommen ist. Wenn wir entdecken, dass das, was vor uns liegt, gut für uns sein wird, würden wir sicher selbstgefällig und gleichgültig Gott gegenüber werden – das wäre fatal. Wir könnten daraus schließen, dass wir Gott nicht brauchen.

Aber angenommen, unsere Zukunft brächte Unheil mit sich. Die Bibel und unsere Erfahrung lehrt uns, dass am Ende des Lebens der Tod auf uns wartet und dass der Tod unheilvoll ist. Wenn wir im Voraus die Umstände wüssten, unter denen wir sterben, oder wenn wir wüssten, welches Unheil uns auf unserem Lebensweg trifft, so wären wir vermutlich völlig entsetzt und nicht in der Lage, angemessen zu reagieren. Die Angst würde uns lähmen. Wenn das, was kommt, jedoch im Dunkeln bleibt, so zeigt Gott uns damit sein Erbarmen, weil es uns schaden würde, die Zukunft zu kennen.

Was ich durch unsere Erfahrung gelernt habe, ist, meine Aufmerksamkeit auf

Nicht zu wissen, was geschehen wird, ist auch deswegen barmherziger, weil wir so ganz im Heute leben können, was nicht der Fall wäre, wenn wir schon wüssten, was uns erwartet. Wenn unsere Zukunft positiv aussähe, so wären wir wahrscheinlich in der Gegenwart sehr ungeduldig. Das passiert uns manchmal sogar, ohne dass wir die Einzelheiten unserer Zukunft kennen. Wenn wir uns z.B. auf einen bevorstehenden Urlaub sehr freuen, so werden wir ungeduldig, da wir nicht erwarten können, wann er endlich beginnt. Was ich damit sagen will, ist, dass wir die guten Dinge, die heute geschehen, übersehen und uns somit das Heute verloren geht. Wenn in unserem Leben jedoch etwas Unheilvolles geschehen wird, würden wir viel Zeit damit verbringen, das Unglück vorwegzunehmen, indem wir ständig daran denken müssten. In jedem Fall aber könnten wir uns kaum auf die Gegenwart konzentrieren, und das Leben würde an uns vorbeigehen.

Eines, was ich durch unsere Erfahrung gelernt habe, ist, meine Aufmerksamkeit auf das Heute zu richten. Ich war immer ein zielorientierter Mensch, den Blick auf die Zukunft gerichtet. Auch jetzt habe ich noch Pläne, aber die beziehen sich nun mehr auf die nahe Zukunft und nicht mehr so sehr auf das Fernliegende. Ich möchte über das, was mich erwartet, nicht mehr wissen als unbedingt nötig. Ich kann jetzt mehr in der Gegenwart leben und das auch genießen. Einige Leute haben mir geraten, mich einer Selbsthilfegruppe anzuschließen. Ich glaube, dass mir das nicht helfen würde. Wenn ich höre, was andere für Symptome und Probleme mit dieser Krankheit haben, dann projiziere ich deren Situation auf Pat und denke, das steht ihr auch noch bevor. Ich würde mir dann über Dinge Sorgen machen, die Pat vielleicht nie betreffen werden. Für mich ist es einfacher, mit der Situation zu leben, in der sich Pat gerade befindet, als darüber nachzudenken, was irgendwann vielleicht einmal sein wird. Wir dürfen uns nicht so intensiv mit dem Morgen beschäftigen, dass wir das Heute verlieren. Gott hält die Zukunft vor uns verborgen, und wir können ihm vertrauen. Er zeigt uns so sein Erbarmen. Und dies tut er auch deshalb, weil wir sonst so vermessen sein könnten, die Zukunft beeinflussen zu wollen, wenn wir sie kennen würden. Aber wie es im Prediger 7,13 steht, es ist unmöglich, das zu ändern, was Gott für uns vorgesehen hat. Warum also sollten wir jetzt unsere Zeit darauf verwenden, etwas ändern zu wollen, was nicht zu ändern ist?

Gott zeigt uns sein Erbarmen, indem er uns die Zukunft verbirgt, weil wir mit vielen Informationen gar nicht umgehen könnten. Wenn die Zukunft für uns viel Leid mit sich bringt und wenn wir dies alles heute schon wüssten, so wäre das entsetzlich für uns. Am 4. November 1987 habe ich eine Andeutung dessen erlebt, was die Zukunft für uns bereithält, und es hat mich fast zerstört. Mir liegt sehr viel daran, dass ich nicht die ganze Wahrheit auf einmal zu hören bekomme. Gott enthüllt unsere Zukunft Stück für Stück, und das ist auch gut so. Wie es in der Bibel heißt: „Es ist doch genug, wenn jeder Tag seine eigenen Lasten hat“ (Matthäus 6,34). Wir müssen heute noch nicht wissen, was morgen an Leid auf uns wartet!

5. Das Geschenk der Gnade

Vieles des bisher Gesagten war eine Quelle des Trostes und der Ermutigung. Aber irgendetwas stimmte noch nicht. Die Situation war von Grund auf ungerecht. Man kann es auf die einfache Frage reduzieren, warum ist das ausgerechnet uns passiert und nicht einem anderen Menschen? War es nicht ungerecht von Gott, uns diese Last aufzubürden, vor allem, wenn man mitbekommt, dass andere vor Prüfungen gestellt werden, die bei weitem nicht so schlimm sind? Ich glaube, dass an diesem Punkt viele Leute beginnen, an Gott zu zweifeln.

Bitte verstehen Sie mich nicht falsch. Ich wünsche wirklich niemandem auf der Welt unseren Schmerz, aber wäre es nicht fairer, dass wir dem Ganzen entkommen könnten, so wie viele andere auch? Wenn Gott andere Menschen vor diesem Schicksal bewahrt, warum dann nicht auch uns? Natürlich ist Gott niemandem etwas schuldig, aber verlangt es nicht die Gerechtigkeit, dass es uns wenigstens so gut geht wie den anderen? Ich glaube, dass jeder, der in seinem Leben einmal eine schwere Krise durchgemacht hat, an einem bestimmten Punkt ähnliche Gedanken hatte. Mich beschäftigten diese Vorstellungen natürlich auch, aber ich habe gelernt, dass daran etwas nicht stimmt.

Wenn Philosophen über Gerechtigkeit diskutieren, dann unterscheiden sie zwischen ausgleichender und austeilender Gerechtigkeit. Austeilende Gerechtigkeit meint, jeder Mensch erhält das, was ihm zusteht. Streng genommen bekommt also derjenige, der Gutes tut, auch Gutes zurück. Wer jedoch Böses tut, erhält seine verdiente Strafe. Bei der austeilenden Gerechtigkeit bekommt jeder das, was er verdient. Die ausgleichende Gerechtigkeit hingegen gibt jedem dasselbe, egal, ob er es verdient oder nicht.

Nun wurde mir die Wurzel des Problems klar. Es geht nicht allein darum, dass der Leidende meint, dass die austeilende Gerechtigkeit für ihn ein besseres Schicksal bereit hielte (sofern er davon ausgehen kann, dass er Gutes in seinem Leben getan hat). Vielmehr wird die Forderung aufgestellt, dass Gott mit ausgleichender Gerechtigkeit die Welt regieren solle. Wir erwarten von ihm, dass alle gleich behandelt werden, was bedeuten würde, dass wir vor Leiden bewahrt werden müssten, wenn auch andere davor bewahrt werden. Ansonsten beschuldigen wir Gott der Ungerechtigkeit.

Als ich mich an die Unterscheidung zwischen diesen beiden Arten von Gerechtigkeit erinnerte, stellte sich mir sofort die Frage, warum Gott wohl dazu verpflichtet sei, Leiden und Segen gemäß der ausgleichenden Gerechtigkeit wie Almosen zu verteilen. Nach den Vorstellungen der austeilenden Gerechtigkeit verdienen alle Sünder nichts anderes als Bestrafung. Warum sollte Gott verpflichtet sein, jeden gleich zu behandeln?

Ich weiß darauf keine Antwort. Wenn Gott uns alle gleich behandeln würde, so würden wir entweder das Gleiche erleiden oder geschenkt bekommen. Aber diese Vorstellungen haben nichts mit dem Gott der Bibel zu tun. Es war mir eine große Hilfe zu erkennen, dass mein Zorn teilweise daher kommt, dass ich der Meinung war, Gott müsse uns alle gleich behandeln. Als mir klar wurde, dass er dazu nicht verpflichtet ist, habe ich verstanden, woher mein Zorn zum Teil kam. Ich hatte nicht wirklich verstanden, was man von Gott erwarten kann und was nicht.

Diese Erkenntnis war jedoch keine endgültige Lösung des Problems. Selbst wenn Gott nicht dazu verpflichtet ist, uns mehr zu geben, als wir verdienen, und selbst wenn wir Bestrafung für unsere Sünden verdienen, so hat Gott sich doch dazu entschlossen, einigen gnädig zu sein. Wenn Sie leiden, dann denken Sie vielleicht auch, dass Gott Ihnen dieselbe

Gnade geben müsste, wie er sie auch anderen schenkt. Gott erscheint in Ihren Augen als ungerecht, wenn er Ihnen nicht so gnädig begegnet wie anderen Menschen.

Dieser Einwand ist in jedem Fall nachvollziehbar, und ich glaube, dass das im Grund der Punkt war, der mich beschäftigte. Und trotzdem ist der Einwand nicht zutreffend. Denn die Forderung, dass Gott uns mit ausgleichender Gerechtigkeit behandelt, zieht die Forderung nach sich, dass er uns auch mit ausgleichender Gnade behandelt.

Diese Forderung ist in zweifacher Hinsicht falsch. Erstens: Gott ist genauso wenig dazu verpflichtet, jedem Menschen seine Gnade zu schenken, wie jedem Menschen mit ausgleichender Gerechtigkeit zu begegnen. Zweitens: Wenn wir über Gottes Gnade nachdenken und ihm den Vorwurf machen, Gott sei ungerecht, weil er einem anderen mehr Gnade geschenkt hat (und das ist es ja, worüber sich der Leidende beklagt), so sind wir im Irrtum.

Gnade kann man sich nicht verdienen, d.h. man empfängt Gutes, ohne selbst etwas dazu beigetragen zu haben. Wenn weder mein Nachbar noch ich Gnade verdienen, so kann es nicht ungerecht sein, dass mein Nachbar mehr Gnade empfängt als ich. Es wäre nur ungerecht, wenn Gott dazu verpflichtet wäre, uns allen in gleicher Weise seine Gnade zu schenken – das ist er sicherlich nicht. Tatsächlich ist er überhaupt nicht dazu verpflichtet, uns seine Gnade zuteil werden zu lassen. Gnade schließt jegliche Verpflichtung aus. Deshalb handelt es sich ja um Gnade und nicht um Gerechtigkeit. Und so kann es auch nicht ungerecht sein, wenn einer mehr Gnade empfängt als der andere. Wenn Gott sich voller Barmherzigkeit dazu entschließt, einigen von uns ein (unserer Meinung nach) besseres Schicksal zu gewähren, so hat er damit nichts Falsches getan. Wir haben kein Recht dazu, Forderungen zu stellen, zu welchem Zeitpunkt und in welcher Weise Gott seine Gnade verteilen sollte; und falls wir es doch täten, müssten wir von Gerechtigkeit sprechen.

Eines der Gleichnisse Jesus zeigt dies sehr anschaulich. Es ist das Gleichnis der Arbeiter im Weinberg, das in Matthäus 20,1-16 erzählt wird. In vielerlei Hinsicht ist dies ein merkwürdiges und schwieriges Gleichnis. Es lehrt uns, dass Gott das Recht hat, nach seinem Gutdünken Gnade zu schenken, und wenn er es tut, hat niemand das Recht, diejenigen zu beneiden, die Gottes Gunst unverdient erhalten. In diesem Gleichnis wird das himmlische Königreich mit einem Weinbauern verglichen, der früh morgens aufbricht, um Arbeiter für seinen Weinberg anzuwerben. Er einigte sich mit ihnen auf den üblichen Tageslohn und ließ sie in seinen Weinbergen arbeiten. Im Laufe des Tages ging er noch vier Mal über den Marktplatz, um noch mehr Arbeiter zu finden. Die letzten Arbeiter stellte er etwa eine Stunde vor dem Abend ein. Mit denen, die er erst später eingestellt hatte, war kein Lohn vereinbart worden – anders als mit den ersten Arbeitern, die er schon am frühen Morgen eingestellt hatte. Die Arbeiter, die erst später begonnen hatten, vertrauten dem Gerechtigkeitssinn des Weinbauern.

Gnade kann man sich nicht verdienen, d.h. man empfängt Gutes, ohne selbst etwas dazu beigetragen zu haben.

Am Abend rief er die Arbeiter zusammen, um ihnen ihren Lohn zu geben. Er begann mit denen, die zuletzt gekommen waren. Was würde er ihnen wohl zahlen? Wenn er gerecht sein wollte, so müsste er ihnen weniger bezahlen als denen, die er zuerst eingestellt hatte. Aber genau das tat er nicht. Jeder von ihnen bekam den vollen Tageslohn. Da beschwerten sich diejenigen, die zuerst eingestellt worden waren über diese Ungerechtigkeit. Sie hatten doch die meiste Arbeit geleistet. Sie hatten sich den ganzen Tag unter der brennenden Sonne abgerackert. Warum sollten sie nun nicht mehr bekommen, als die anderen? Der Weinbauer antwortete ihnen, dass es keinen Grund gäbe, neidisch oder ärgerlich zu sein. Haben sie nicht den Betrag erhalten, den sie abgemacht hatten? Sie erhielten genau das, was die Gerechtigkeit forderte.

Es hatte jedoch keine Vereinbarung über den Betrag gegeben, den er den anderen Arbeitern bezahlen wollte. Die einzige Forderung war, dass er nichts Ungerechtes tat. Und nun zeigte sich, er war mehr als gerecht – er war gnädig. Hatte er sich falsch verhalten? Natürlich nicht. Was er den Arbeitern schuldete, hatte er bezahlt. Seine große Güte veranlasste ihn, einigen von ihnen mehr zu bezahlen, als er ihnen schuldete.

Hätte sich der Weinbauer anders verhalten sollen? Waren die Arbeiter, die er zuerst angeworben hatte, mit ihrem Ärger und ihrem Neid im Recht? Die Antwort des Weinbauern auf ihre Proteste ist äußerst lehrreich. Er sagte: „Schließlich darf ich mit meinem Geld doch machen, was ich will! Oder ärgert ihr euch, weil ich großzügig bin?" Die Anwort auf die erste Frage lautet also: Ja. Wenn der Weinbauer zu seinen Arbeitern großzügig sein möchte, und ihnen mehr gibt, als sie verdienen, so ist das sein gutes Recht. Es ist sein Geld (seine Gnade), und er kann damit machen, was er will. Waren die ersten Arbeiter neidisch, weil der Weinbauer großzügig war? Ja, aber seine Überzeugung war, dass sie kein Recht dazu hatten. Sie haben bekommen, was sie verdienten; es stand ihnen nicht zu, die anderen zu beneiden, weil der Weinbauer ihnen gnädig gewesen war. Gnade ist nichts, was einer dem Anderen schuldet. Deshalb handelt es sich auch um Gnade und nicht um Gerechtigkeit.

Die Übertragung des Gleichnisses ist offensichtlich. Gott schuldet mir nicht die Befreiung von meinen Problemen, nur weil er andere Menschen mit diesen Problemen verschont hat. Anderen Gnade zuteil werden zu lassen, heißt nicht, dass er zu mir unfair war. Er hat sich nie dazu verpflichtet, mir Gnade zu schenken. Somit ist es auch nicht ungerecht, was er getan (oder nicht getan) hat. Ich habe kein Recht, anzunehmen, dass er ungerecht ist, weil Gnade nicht etwas ist, das er irgendjemandem schuldet. Ich habe kein Recht, dich zu beneiden, wenn Gott dir Gnade geschenkt hat, die er mir vorenthält. Gott ist frei, seine Gnade zu geben, wem er will.

Gott schuldet mir nicht die Befreiung von meinen Problemen, nur weil er andere Menschen mit diesen Problemen verschont hat.

Und bevor ich andere um die Gnade beneide, die sie bekommen haben, sollte ich lieber dankbar sein, dass Gott sie ihnen gab. Ich wäre sicherlich nicht besonders glücklich, wenn Gott seine Gnade zurückhalten würde und andere dieselbe tragische Situation erleben müssten wie wir! Das ist die richtige Perspektive. Einige von uns haben sich schon in ihrer Jugend dafür entschieden, Jesus als ihren Retter anzunehmen und für ihn zu leben. Andere nehmen Christus erst später im Leben an, manche sogar erst, wenn sie mit einer tödlichen Krankheit konfrontiert werden. Wieder andere interessieren sich vielleicht erst dann für Christus, wenn sie alles ausgekostet haben, was die Welt zu bieten hat. Wenn wir sterben, wird jeder Christ das ewige Leben erhalten. Sollte ich neidisch auf die sein, die das ewige Leben erhalten, obwohl ihr Leben oft den Geboten Gottes widersprach, während ich mich für ein Leben im Gehorsam Gott gegenüber entschieden habe? Wie dumm, so eine Frage überhaupt zu stellen. Würde ich es vorziehen, wenn Gott seine Gnade nicht auf sie ausweiten würde, so dass sie die Ewigkeit getrennt von Gott erleben müssten – nur weil sie Jesus erst spät in ihrem Leben angenommen haben? Natürlich nicht. Ich bin froh, dass unser Gott so barmherzig und geduldig ist mit den Sündern, dass seine Tür offen steht, selbst für diejenigen, die ihn wiederholt zurückgewiesen haben. Es besteht kein Grund, andere um die Gnade zu beneiden, die Gott ihnen gibt!

Dies gilt auch für die Befreiung vom Leiden. Man sollte

nicht meinen, Gott sei nie gnädig, nur weil er es dies eine Mal scheinbar nicht gewesen ist. Dafür gibt es in meinem Leben zu viele Beispiele, wo Gott mir unverdienterweise seine Zuwendung geschenkt hat. Zu diesem unverdienten Segen gehören nicht zuletzt die wundervolle Frau und die Kinder, die er mir geschenkt hat!

Diese Überlegungen zu Gnade und Gerechtigkeit werden die Schmerzen und das Leid nicht unbedingt erleichtern, aber sie können helfen, den Zorn gegen Gott zu mildern. Für mich waren sie befreiend, und ich erinnere mich oft an diese Grundsätze, wenn ich wieder einmal anfange, mich darüber zu beschweren, dass Gott anderen ein vermeintlich leichteres Schicksal gegeben hat als mir.

Diese Grundsätze haben auch noch eine weitere Seite. Gesetzt den Fall, Sie wären derjenige, den Gott gnädig von seinen Leiden befreit? Müssen Sie sich dann schuldig fühlen, weil andere noch mit ihrem Leiden zu kämpfen haben, während Sie Gnade erfahren durften? Diese Frage ist sogar für die Situation meiner Familie von Bedeutung. Ich habe zuvor beschrieben, wie schwer uns die Entscheidung fiel, unsere Kinder testen zu lassen, ob sie auch die Huntingtonsche Krankheit in sich tragen. Diejenigen, bei denen das krankhafte Gen entdeckt würde, würden mit schweren Sorgen belastet werden. Aber auch diejenigen, die das krankhafte Gen nicht in sich tragen, sehen sich einer Reihe von Schwierigkeiten ausgesetzt. Es ist beispielsweise nicht ungewöhnlich, dass sich ein gesundes Kind seinen Geschwistern gegenüber schuldig fühlt, weil es deren Schicksal entronnen ist.

Berücksichtigt man jedoch, was wir gerade eben festgestellt haben, so sollte sich keiner schuldig fühlen, nur weil er nicht leiden muss. Wenn alles was uns geschieht immer eine Frage der Gerechtigkeit wäre, d. h. wenn wir alle das bekämen, was wir verdienten, dann müsste ich mich schuldig fühlen, wenn ein anderer leidet und ich nicht. Aber es ist keine Frage der

Gerechtigkeit. Es hat mit Gnade zu tun. Wenn Gott in seiner allmächtigen Weisheit Ihnen Gnade geben will, dann brauchen Sie sich nicht schuldig zu fühlen, so als ob Sie oder Gott etwas Falsches getan hätten. Genießen Sie das Geschenk der Gnade und danken Sie ihm dafür, dass Sie nicht leiden müssen. Und haben Sie Mitgefühl mit denen, die nicht verschont werden. Tun Sie, was immer in Ihrer Macht steht, ihnen die Last zu erleichtern.

Haben Sie mit Leid zu kämpfen, dann missgönnen Sie den anderen niemals Gottes Gnade. Wenn Sie Gottes gnädige Erlösung vom Leiden erleben, danken Sie ihm und zeigen Sie denjenigen, die leiden, Ihr Mitgefühl. Entschuldigen Sie sich nicht dafür, Gnade zu empfangen, und begehen Sie nicht den Irrtum zu glauben, die Gnade Gottes bedeute, dass Sie ein besserer Mensch sind als diejenigen, die sie nicht erhalten haben. Und zum Schluss: Suchen Sie nicht neues Leiden, um Dinge zwischen Ihnen und denen, die leiden müssen, „auszugleichen“. Die Prüfungen werden schneller kommen, als Ihnen lieb ist. Danken Sie Gott für seine Gnade!

6. Prüfungen haben einen Sinn

Ich habe Ihnen einiges davon erzählt, wie ich um Antworten gerungen habe, warum das Böse in dieser Welt solche Macht hat, und was mir geholfen hat, mit unserer familiären Situation umzugehen. Die Frage nach dem Bösen bezieht sich dabei nicht in erster Linie auf den Verstand, sondern eher auf die Gefühlsebene. Das heißt jedoch nicht, dass der Verstand dabei ganz außen vor bliebe, denn die Gedanken eines Menschen beeinflussen natürlich auch seine Gefühle.

Es gibt noch eine andere Möglichkeit, wie man eine verstandesmäßige Antwort finden kann, die hilft, mit den Verletzungen besser umzugehen. Ich denke dabei an den Nutzen des Leidens. Obwohl Gott das Böse und das Leid nicht veranlasst hat, verhindert er nicht, das diese Dinge geschehen. Wenn sie nun aber geschehen, nutzt Gott sie, um Positives in unserem Leben zu bewirken. Leiden an sich ist nicht gut, aber es kann Gott dazu dienen, aus dem Unheil noch etwas Gutes hervorzubringen. Die Tatsache, dass Gott dies tut und dass wir erfahren, er greift in unser Leben ein, kann uns die Gewissheit geben, dass er seine Hand noch über uns hält. Er ist nicht zornig auf uns, und wir sind nicht allein. Die Erkenntnis, dass Gott das Unheil nicht über uns gebracht hat, sondern dass er inmitten unseres Leidens uns Gutes tun will, kann uns helfen, Gott als den guten Schöpfer zu erkennen, der unseren Dank verdient hat.

Ich möchte Ihnen nun eine Reihe von Punkten vorstellen, die Gott im Leben eines Leidgeprüften vollbringen kann. Für mich waren diese Grundsätze ermutigend, auch wenn sie mir ganz am Anfang unseres Leidensweges nicht unbedingt geholfen haben. Wenn jemand von dem Schock über einen Schicksalsschlag ins Wanken gerät, wird es ihm wahrscheinlich nicht viel helfen, wenn man ihm sagt: „Hab nur Mut, es gibt viele gute Dinge, die Gott im Verlauf deines Leidens bewirken will, die möchte ich dir einmal aufzeigen." Zu diesem Zeitpunkt ist der Betroffene zu sehr verletzt, zu zornig und zu sehr in einem Ausnahmezustand, um zu verstehen, was man ihm sagen will. Der Leidende wird darauf reagieren, indem er zu verstehen gibt, dass er auf die positiven Dinge gerne verzichten würde, wenn er sie nur durch das Leiden bekommen kann. Oder er wird die einfache Frage stellen, warum Gott, wenn er Gutes im Leiden bewirkt, nicht auch Gutes ohne Leiden bewirken kann. Lassen Sie dem Betroffenen Zeit zur Heilung. Irgendwann während des

Heilungsprozesses wird er in der Lage sein, die folgenden Dinge zu verstehen.

Lassen Sie mich zunächst klarstellen, was meine Ausführungen nicht bedeuten sollen. Wenn man auf den Nutzen des Leidens hinweist, so könnte dies zunächst den Anschein erwecken, diese positiven Nebeneffekte seien der Grund dafür, dass Gott Leiden überhaupt zulässt. Es könnte sogar der Eindruck entstehen, ich wäre der Meinung, dass der Nutzen des Leidens beweist, dass Gott trotz des Bösen in der Welt ein guter Gott ist.

Ich möchte nicht so verstanden werden, weil ich glaube, dass dies so nicht stimmt. Wäre das meine Meinung, so würde ich Gott für einen guten Gott halten, obwohl er das Leid nicht von uns fern hält, weil er das Böse als ein Mittel einsetzt, um zu einem guten Ziel zu kommen. Aber wenn man das so formuliert, bedeutet es, dass der Zweck die Mittel heiligt. Ich halte diese Ansicht weder für richtig noch für falsch, und ich glaube nicht, dass die Bibel eine solche Schlussfolgerung nahe legt.

Meine Ausführungen sind nicht dazu gedacht, Gottes Handeln mit der Menschheit zu rechtfertigen, so wie es christliche Philosophen und Theologen gern tun, wenn sie darüber diskutieren, warum ein liebender und allmächtiger Gott das Böse in unserer Welt zulässt.

Es ist jedoch ein Unterschied, ob man Gott trotz des Bösen als gut bezeichnet oder ob man dem Betroffenen hilft, mitten im Leid eine neue Beziehung zu Gott zu finden. Es gibt viele Dinge, die dazu beitragen können, dem Betroffenen den emotionalen und seelischen Schmerz zu lindern, wenn der Betroffene bereit ist, mit Gott in Frieden zu leben, obwohl dieser sein Leid zugelassen hat. Mein Anliegen ist es, Hilfen zu bieten, wie eine zerbrochene Beziehungen zu Gott wieder heil werden kann. Wie benutzt Gott das Leid im Leben eines Christen? Es gibt verschiedene Möglichkeiten, und ich habe sie in zehn Kategorien unterteilt. Natürlich könnte man meinen, dass Gott jedes einzelne Leid nur für einen Zweck nutzt. Und wenn wir diesen nicht gleich erkennen, sind wir frustriert. Gott kann jedoch mit jedem konkreten Fall eine ganze Reihe von Zielen – nicht nur eines und nicht alleine nur im Leben des direkt Betroffenen – im Auge haben. Gott könnte die Absicht haben, im Leben des Leidenden etwas zu bewirken oder im Leben derjenigen, die ihn kennen. Ein spezielles Leiden kann an unterschiedlichen Stellen etwas auslösen.

Was kann Gott durch unser Leiden Positives in unserem Leben bewirken? Zunächst einmal kann es sein, dass Gott das Leid aus demselben Grund zulässt, der auch in Johannes 9, 1-3 beschrieben wird. Dort ist die Rede davon, dass das Leid dazu diente, Gottes Macht sichtbar zu machen. In Johannes 9 fragen die Jünger Jesus nach dem Grund, warum ein Mann seit seiner Geburt blind ist: „Herr, wer ist schuld daran, dass dieser Mann blind ist? War es seine eigene Schuld oder die Sünde seiner Eltern?" Jesus wies die allgemeine Vorstellung zurück, dass alles Leiden eine Bestrafung für bestimmte Sünden sei. Stattdessen antwortete er: „Weder er selbst ist schuld daran noch seine Eltern. Er ist blind, weil an ihm die Macht Gottes sichtbar werden soll." Zum Erstaunen derer, die ihn begleiteten, vollbrachte Jesus ein Wunder und heilte den Blinden. Auf eine ähnliche Weise lässt Gott manchmal Leid und Unheil im Leben der Christen zu, um an ihnen zu einem späteren Zeitpunkt seine Macht und seine Herrlichkeit sichtbar werden zu lassen.

Bis zu einem gewissen Grad konnten wir dies auch im Falle meiner Frau nachvollziehen. Obwohl sich ihr Zustand verschlechterte, haben uns die Ärzte mehrfach versichert, dass die Krankheit in ihrem Fall unerwartet langsam fortgeschritten sei. Mehrmals haben wir diese Feststellung als Gelegenheit genutzt, über unseren Glauben zu sprechen und es nicht nur auf unser Glück zu schieben. Denn gerade dies ist ein Beweis von Gottes Wirken in ihrem Leben. Obwohl sich Pats Zustand im letzten Jahr merklich verschlechtert hat, können wir Gottes Wirken besonders in den ersten Jahren der Krankheit nicht leugnen.

Als Zweites kann Gott das Leid auch dazu nutzen, unsere Selbstüberschätzung in Frage zu stellen. Wenn das Leben glatt läuft, neigen wir dazu, es als unser Verdienst anzusehen. Das Leid erinnert uns dann daran, dass wir unser Leben nicht selber in der Hand haben und dass wir uns letztendlich auf Gott verlassen müssen. Das Leben des Apostels Paulus ist dafür ein klassisches Beispiel. Paulus sprach von einem „Dorn im Fleisch", eine Art körperliches Gebrechen, über das man jedoch nichts Näheres weiß. Im zweiten Korintherbrief 12, 8-9 sagt Paulus: „Dreimal schon habe ich Gott angefleht, dass er mich davon befreit." Aber er tat es nicht. Paulus schrieb weiter, dass er, würde ihn Gott von diesem Leiden erlösen, in der Gefahr stünde, überheblich zu werden aufgrund der außergewöhnlichen Offenbarungen, die Gott ihm geschenkt hatte. Dieser „Dorn im Fleisch" erinnerte ihn unaufhörlich daran, dass es bei Gott keinen Platz für Prahlerei gibt. Manchmal gebraucht Gott das Leid in unserem Leben auf eine ähnliche Art und Weise.

In den ersten zwei Kapiteln des Hiobbuches wird uns ein dritter Weg aufgezeigt, wie Gott das Leiden der Christen gebraucht. Zumindest teilweise ließ Gott Hiobs Leiden zu, um dem Teufel Hiobs ernsthaften Glauben vor Augen zu halten. Der Teufel behauptete, Hiob glaube nur an Gott um seiner selbst willen. Würde Gott seine gnädige Hand von Hiob nehmen, so würde dieser ihm nicht länger dienen. Gott antwortete, Hiob diene aus Liebe zu ihm, und der Teufel könne das gerne nachprüfen. Durch Hiobs Leiden und durch seine Treue zu Gott, erkannte Satan, dass es Menschen gibt, die Gott aus reiner Liebe nachfolgen und nicht, weil sie sich einen Vorteil davon versprechen.

Gott kann Leid in unserem Leben auch dazu gebrauchen, um ein bestimmtes Ziel mit uns zu erreichen und um Satan und seinen Dienern zu zeigen, dass es immer noch Menschen gibt, die Gott lieben und ihm dienen ohne Rücksicht auf ihre persönlichen Lebensumstände. Auch andere Menschen werden dies sehen. Das ist sehr wichtig, weil wir als Christen doch von uns behaupten, dass wir endgültige Antworten auf die Fragen des Leben haben. Es ist natürlich einfach, Christ zu sein, wenn alles ohne Probleme funktioniert. Viele Nicht-Christen wollen jedoch wissen, ob der Glaube an Christus auch dann standhält, wenn schwer wiegende Probleme auftauchen. So etwas ist ein ernsthafter Test für jeden Glauben. Wenn wir uns inmitten unseres Leidens von Gott abwenden, dann geben wir denen, die uns argwöhnisch beobachten, zu verstehen, dass das Christsein auch keine anderen Antworten hat als die vielen Religionen und Ideologien. Gott braucht auch heute noch Menschen, die anderen vorleben, dass sie Gott treu bleiben, auch wenn das Leben Unerwartetes und Leidvolles mit sich bringt. Und das nicht nur, weil es sich lohnt, sondern weil er es wert ist, sich ihm hinzugeben.

Gott braucht auch heute noch Menschen, die anderen vorleben, dass sie Gott treu bleiben, auch wenn das Leben Unerwartetes und Leidvolles mit sich bringt.

Deshalb fordert Petrus von uns, dass wir mitten im Leid bereit sein müssen zu bekennen, warum wir weiterhin unsere Hoffnungen auf Gott setzen (1. Petrus 3,15). Dieser Vers wird oft aus dem Zusammenhang gerissen, um zu zeigen, dass Christen immer bereit sein sollen, ihren Glauben zu verteidigen. Das ist aber weder der Inhalt noch der Sinn dieses Verses. Petrus spricht über das Leiden der Christen. Er sagt, wenn wir leiden müssen und herausgefordert werden zu begründen, warum wir trotzdem weiterhin an Gott glauben und an ihm festhalten, müssen wir in der Lage sein, diesen Glauben auch zu verteidigen. Unsere Antwort sollte in Wort und Tat erfolgen (1. Petrus 3,15-17). Es reicht nicht, nur zu erklären, warum wir glauben und warum es einen Unterschied macht, ob man Christ ist oder nicht, wir müssen diesen Unterschied auch wirklich leben. Wir sollten es nicht wagen, unser Leid als Rechtfertigung für unsere Abkehr vom christlichen Glauben zu missbrauchen und Gottes Wort zu missachten.

Viertens nutzt Gott das Leid als eine Chance, um den Christen – wie den Nicht-Christen – eine Vorstellung vom „Leib Christi“ zu geben. Nach 1. Korinther 12,12-26 ist jeder, der an Christus als Retter glaubt, Glied des Leibes Christi. Als Christen sind wir miteinander durch Christus verbunden, und wir brauchen einander. In Vers 26 heißt es außerdem: „Leidet ein Teil des Körpers, so leiden alle anderen mit.“ Das bedeutet, wenn einer leidet, dann leiden alle, und wenn sich einer freut, dann freuen sich alle. So sähe der Idealzustand aus, aber unsere Erfahrungen sind meist andere. Oft genug behandeln sich Christen untereinander so, als wären sie völlig getrennt voneinander, als wären sie nicht auch Glieder des Leibes Christi. Um diese falsche Haltung zu korrigieren, nutzt Gott das Leiden eines Gliedes des Leibes Christi, um den anderen zu zeigen, dass wir einander brauchen und einander helfen müssen.

Durch das Leiden kann der Begriff von dem einen Leib Christi auf verschiedene Art und Weise verdeutlicht werden. Das Leiden gibt dem Betroffenen die Gelegenheit, Gottes mitfühlende Liebe durch andere Mitchristen zu erfahren. Der Leidende versteht aus eigener Erfahrung, was es heißt, die Last gemeinsam zu tragen (Galater 6,2). Ich habe schon erwähnt, dass diese Wahrheit für uns bei vielen Gelegenheiten durch Worte und Taten von Christen, die sich um uns kümmerten, Wirklichkeit geworden ist.

Das Leiden gibt auch den anderen Gläubigen die Möglichkeit, denen, die es brauchen, christliche Nächstenliebe entgegenzubringen. Wenn wir leidenden Gemeindemitgliedern helfen, so wird uns eindrücklich bewusst, wie sehr wir einander brauchen. Wir erfahren auch, was es bedeutet, Liebe und Mitgefühl zu zeigen. Gott lässt das Leid eines Gliedes der christlichen Gemeinde vielleicht deshalb zu, damit wir die Gelegenheit bekommen, anderen zu dienen.

Jesus sagte, dass die Menschen durch unsere Liebe erkennen würden, dass wir seine Jünger sind. Wenn wir einem leidenden Bruder oder einer leidenden Schwester helfen, so ist das ein Weg, um zu zeigen, dass wir Nachfolger Jesu sein wollen.

Dies sind nur einige der Punkte, die aufzeigen, dass unser Leiden nicht nutzlos ist – doch es gibt noch viele andere. Im nächsten Kapitel möchte ich die Beziehung zwischen Leiden und dem Wachstum im Glauben untersuchen. Wie wir sehen werden, gibt es viele Arten, wie Gott das Leid dazu nutzen kann, dass wir uns von der Sünde abwenden und mehr und mehr Christus gleich werden.

7. Leiden und Wachstum im Glauben

Die Bibel zeigt uns, dass das Leid im Leben eines Christen auf unterschiedliche Art und Weise das Wachstum im Glauben fördert. Im ersten Brief des Petrus, Kapitel 4,1-2 liegt die Betonung darauf, wie die Erfahrung des Leidens dem Christen helfen kann, von der Sünde loszukommen. Petrus schreibt:

Weil Christus für uns gelitten und viele Schmerzen ertragen hat, sollt auch ihr bereit sein, Leiden auf euch zu nehmen. Wer körperlich leidet, über den verliert die Sünde ihre Macht. Die Zeit, die euch noch bleibt, soll Gott gehören und nicht euren Leidenschaften.

Wenn Petrus sagt, dass die Sünde ihre Macht über den Leidenden verliert, so meint er damit nicht, dass der Gläubige durch das Leiden überhaupt nicht mehr dem Einfluss, der Kraft oder den Auswirkungen der Sünde ausgesetzt ist. Im 1. Johannesbrief 1,8 heißt es: „Freilich werden immer wieder Leute behaupten, sie hätten das nicht nötig, sie seien frei von aller Schuld. Aber wer so etwas sagt, der betrügt sich selbst. In ihm ist kein Fünkchen Wahrheit." Es ist unmöglich, den Einfluss der Sünde auf unser Leben vollständig auszulöschen. Was Petrus jedoch meint, ist, dass das Leiden den Gläubigen davon abhält zu sündigen. Wir können dadurch den Versuchungen, die an uns herantreten, widerstehen, statt ihnen nachzugeben.

Dies traf auch auf mich zu. Angesichts der Situation unserer Familie verloren viele Dinge, die mich vorher gefesselt hatten, ihre Bedeutung, gemessen an der grundlegenden Frage nach Leben und Tod.

Das heißt nicht, mich führen diese Dinge nie mehr in Versuchung oder ich werde nie mehr sündigen. Man kann es eher so beschreiben, dass das, was meiner Frau und unserer Familie geschehen ist, uns sehr geholfen hat, diese Versuchungen ins richtige Licht zu rücken. Das Leben besteht nicht allein aus solchen Verlockungen, es gibt sehr viel wichtigere Dinge. Wenn uns das Leiden davor bewahrt, bestimmte Sünden nicht zu tun, so rücken wir näher zu Gott und sehen die Dinge mehr in der Art, wie Gott sie eigentlich gemeint hat. Dies ist ein Zeichen des Heiligen Geistes, der in uns wirksam wird, der uns wachsen lässt im Glauben und in der Nachfolge Jesu.

Ein anderer Weg, wie Leiden unser Wachstum im Glauben fördert, ist die Verfeinerung unseres Glaubens. Im ersten Petrusbrief 1,6-7 heißt es:

Darüber freut ihr euch von ganzem Herzen, auch wenn Gott euch jetzt noch für eine kurze Zeit durch manche Prüfung führt und ihr viel erleiden müsst. So wird sich euer Glaube bewähren und sich wertvoller und beständiger erweisen als pures Gold, das im Feuer vollkommen gereinigt wurde. Lob, Preis und Ehre werdet ihr dann an dem Tag empfangen, an dem Christus wiederkommt.

Die Hauptsache der Glaubensprüfung ist nicht die Prüfung selber, sondern das Ergebnis der Prüfung. Das heißt, es geht vor allem darum, was von unserem Glauben übrig bleibt, wenn die Prüfung überstanden ist. Für Petrus ist nicht die Prüfung das eigentlich wichtige, denn die Prüfung bedeutet Leiden, und das ist nicht wertvoller als Gold. Aber der Glaube, der die Prüfung übersteht, ist wertvoll. Deshalb können sich die Gläubigen inmitten der Prüfung freuen, weil Gott ihren Glauben durch diese Erfahrung verfeinern will. Und an dem Tag, an dem Christus wiederkommt, wird er diesen geprüften Glauben als echt erkennen und mit Lob, Preis und Ehre belohnen.

Das Wachstum des Glaubens wird auch dann durch Leiden gefördert, wenn es Gott gelingt, dadurch den Glaubenden näher zu ihm zu ziehen. So heißt es beispielsweise in Jakobus 1,2-4, Römer 5,3-4 und 1. Petrus 5,10, dass Gott durch Leid in uns Durchhaltevermögen und Geduld bewirkt. Im Brief an die Hebräer (5,8) wird deutlich, dass auch Jesus, der Sohn Gottes, durch sein Leiden lernen musste, was Gehorsam heißt. Wenn Gott uns irgendetwas zeigen will, so benötigt er unsere ganze Aufmerksamkeit. Gibt es in unserem Leben jedoch kein Leid, so genügen wir uns oft selber und werden dem gegenüber gleichgültig, was Gott von uns möchte. Geraten wir dann aber in eine leidvolle Situation, werden wir zunächst eher geneigt sein, uns gegen Gott zu stellen, aber wenn wir offen werden für das, was er uns schenken möchte, dann werden wir Dinge erfahren, für die wir bisher verschlossene Ohren hatten.

Durch leidvolle Erfahrungen kann der Christ Gott näher kommen, indem er auf eine Art und Weise Einblick in Gottes Herrlichkeit und Allmacht erhielt, wie er sich das bisher nicht hatte vorstellen können. Hiob 42,2-4 berichtet über die Reaktion eines Mannes, der unvorstellbares Leid erleben musste. Obwohl Hiob ein guter Mensch war (Hiob 1,8.21-22, 2,3.10), musste er dennoch große Schmerzen ertragen. Er schrie zu Gott, um den Grund seines Leidens zu erfahren. Der Schöpfer antwortete Hiob schließlich (Kapitel 38-41), indem er ihn mit seiner Macht und Herrlichkeit überwältigte. Hiob bekannte (42,2-4), dass er jetzt verstehe, dass Gott alles möglich ist. Auch bei uns ist es oft so, dass unsere Sichtweise von Gott viel zu begrenzt ist, und dass Gott diese Sichtweise erweitert, indem er uns Leiden schickt, und sich damit als der Allmächtige erweist, der nur unser Bestes im Sinn hat. Wie auch Hiob kommen wir Gott näher, wenn wir ihn besser kennen lernen.

Angesichts der Situation unserer Familie verloren viele Dinge, die mich vorher gefesselt hatten, ihre Bedeutung.

Leiden steigert auch deshalb das Wachstum des Glaubens, weil es zu einer Vertrautheit mit Gott führt. Wiederum ist Hiob dafür ein gutes Beispiel. Obwohl Hiob auch schon vor seinem Leiden eine gewachsene Beziehung zu Gott hatte, war eine noch größere Nähe möglich. Das Bekenntnis am Ende seines Leidensweges zeigt uns deutlich, dass er Gott auf eine Weise nahe gekommen ist, die er sich vorher nicht hatte vorstellen können: „Herr, ich kannte dich nur vom Hörensagen, jetzt aber habe ich dich mit eigenen Augen gesehen" (42,5).

Hiobs Wissen, das nur vom „Hörensagen“ herrührte, wurde zur eigenen Erfahrung. Es gibt nichts Besseres als Leiden, um das verstandesmäßig erkannte Bild Gottes, seine Allmacht und Barmherzigkeit konkret erfahrbar zu machen.

Es gibt nichts Besseres als Leiden, um das verstandesmäßig erkannte Bild Gottes, seine Allmacht und Barmherzigkeit konkret erfahrbar zu machen.

Leiden kann das Wachstum des Glaubens auch auf eine andere Art voranbringen. Gott kann es gebrauchen, um einen Christen wachsen zu lassen, anstatt den Versuchungen nachzugeben, die auf ihn einströmen. Davon spricht Jakobus 1,1-12. In diesem Abschnitt geht es zuerst einmal um die Prüfungen, während der weitere Text die Verführung zur Sünde thematisiert. Das griechische Wort für Drangsal, Leiden oder Heimsuchung ist *thlipsis. Thlipsis* erscheint im Neuen Testament nie im Zusammenhang mit Verführung oder Versuchung. Das Substantiv *peirasmos* und das Verb *peirazo* werden in der Regel gebraucht, um Versuchung, Verführung oder Verlockung und die dazugehörigen Verben auszudrücken. An vielen Stellen werden sie im Sinne einer Prüfung verwendet (siehe 1. Petrus 4,12, Apostelgeschichte 9,26, 16,7, 24,6, Offenbarung 2,2). Angesichts dieser Verwendung von *thlipsis* und *peirasmos* würde man erwarten, das Wort *thlipsis* in Jakobus 1,1-12 und das Wort *peirasmos* in den Versen 13ff. zu finden. Stattdessen wird *peirasmos* im ganzen Kapitel verwendet und *thlipsis* taucht überhaupt nicht auf. Das verleitet mich zu folgender Frage: Nimmt Jakobus an, dass Leiden Versuchungen sind oder Bewährungsproben? Sind alle Versuchungen Leiden? Sind alle Leiden Versuchungen?

Über die erste Frage kann man sich streiten, die zweite und dritte Frage ist leichter zu beantworten. Sind alle Versuchungen Leiden? Offensichtlich nicht. Einige Versuchungen entstehen erst mitten im Leid (z.B. die Versuchung Gott zu verfluchen, mit der auch der leidende Hiob konfrontiert war), aber oftmals kommen Versuchungen auch ohne jegliches Leiden.

Sind Leiden Versuchungen? Alle Leiden stellen potentielle Versuchungen dar, weil sie uns eine Gelegenheit bieten, in Versuchung zu geraten. Wenn jemand beispielsweise zornig auf Gott ist, so steht er in der Versuchung, sich von Gott abzuwenden. Wir können dieser Versuchung nachgeben oder aber mit Hilfe unseres Glaubens der Versuchung, die durch unser Leid entsteht, widerstehen. Und wenn wir widerstehen, so wird uns das Leiden dazu dienen, eine engere Beziehung zu Gott zu gewinnen. Vielleicht meinte Jakobus genau das, als er den Begriff *peirasmos* verwendete, wo doch das Wort *thlipsis* zunächst einmal sinnvoller erscheint.

Ein letzter Grund, warum Leiden das Wachstum des Glaubens fördert, besteht darin, dass der Betroffene die Möglichkeit erhält, es Christus gleichzutun. Viele würden sicher gern wie Christus sein, wenn es darum geht, Macht, Herrlichkeit und Gewalt über alle Dinge zu haben. Wir aber sind auf eine andere Art aufgerufen, es Christus gleichzutun. Diejenigen, die als Christen leiden, leiden unter Umständen ungerechterweise und anderen zuliebe. Wenn dies der Fall ist, tun sie es dem Vorbild Jesu gleich (1. Petrus 3,17-18). Außerdem wird von Christen, die leiden, verlangt, dass sie Leid und Verfolgung hinnehmen, ohne sich zu beklagen. Auch darin folgen sie dem Beispiel ihres Herrn (1. Petrus 2,23).

Jesus rückte all das, was seine Jünger erwartete, ins rechte Licht. Er sagte: „Der Schüler steht nicht über seinem Lehrer, und ein Diener hat es nicht besser als sein Herr. Sie können zufrieden sein, wenn es ihnen genauso geht wie ihren Lehrern oder Herren“ (Matthäus 10,24-25). Wenn der Schüler wie sein Lehrer sein soll und wenn dieser Lehrer Jesus ist, so muss der Schüler damit rechnen, von der Gesellschaft in gleicher

Weise behandelt zu werden wie Jesus. Die Menschen damals nagelten Jesus ans Kreuz. Können seine Nachfolger wirklich davon ausgehen, dass sie diesem Schicksal entgehen?

Auch der Apostel Johannes bestätigt diese Annahme. Er sagt uns, dass die Nachfolger Jesu damit rechnen müssen, dass ihre Ziele, Werte und ihr Lebensstil von denen verkannt werden, die Christus nicht nachfolgen, so wie Jesus von seinen Zeitgenossen nicht akzeptiert wurde (1. Johannes 3,1). Die Welt hat die Ziele und die Werte Jesu weder verstanden noch geteilt. Das Ergebnis war, dass seine Feinde ihn getötet haben.

Je mehr wir als Kinder Gottes ihm ähnlicher werden, desto weniger können wir damit rechnen, von der Welt um uns herum verstanden und akzeptiert zu werden. Und desto mehr müssen wir mit dem Zorn des Teufels und der Welt rechnen. Wenn wir aber auf der anderen Seite Jesus auch im Leiden nachfolgen, wird unsere Glaube weiter wachsen.

Das alles bedeutet, Gott ist auch mitten im schlimmsten Leid nicht untätig, er gebraucht das Leid, um uns näher zu ihm zu ziehen. Deshalb ist der Schmerz und Kummer nicht weniger schlimm, aber es sollte uns ermutigen zu erkennen, dass das Leiden nicht ein Zeichen dafür ist, dass Gott sich von uns abwendet. Im Gegenteil, er nutzt das Leiden, um unser Wachstum im Glauben zu fördern.

8. Von schweren Wegen zum dankbaren Bekenntnis

Manches Leiden hat weniger mit dem Wachstum unseres Glaubens zu tun, vielmehr nutzt Gott es, um uns auf zukünftige Aufgaben oder Segnungen vorzubereiten. Gott lässt beispielsweise das Leiden im Leben eines Christen zu, weil er dadurch in die Lage versetzt wird, seine Aufgaben zu erfüllen. Es gibt viele Arten, wie sich ein Betroffener engagieren kann, trotz oder gerade wegen seines Leidens. Menschen, die Not erlebt haben, können oft auf eine bessere Weise von ihrem Glauben reden und Menschen erreichen, die Jesus nicht kennen. Nicht-Christen beobachten oft sehr genau, wie sich Christen verhalten, wenn sie in Schwierigkeiten sind. Wenn sie nun sehen, wie ein Christ leidet und trotzdem seinen Glauben nicht aufgibt, sind sie positiv beeindruckt. In 1. Petrus 3,15-16 heißt es, dass ihr überzeugender Glaube und das positive Bekenntnis nicht nur die negativen Gedanken böser Menschen zum Schweigen bringt, sondern außerdem ein wirksames Zeugnis ist für die, die Gott und Jesus Christus noch nicht kennen.

Leiden ist aber nicht nur ein Zeugnis für Nicht-Christen, sondern auch ein Dienst an Christen. Diejenigen, die Gott in schweren Zeiten treu bleiben, ermutigen damit andere, ebenfalls treu zu bleiben, wenn sie in Schwierigkeiten geraten. Zusätzlich gebraucht Gott das Leiden, um uns darauf vorzubereiten, dass wir auch andere in ihrem Leid trösten können (2. Korinther 1,3-4).

Auf eine gewisse Weise dienen diejenigen, die Gott auch in Prüfungen treu bleiben, damit nicht nur anderen, sondern auch sich selbst. Denn wenn wir in unserem Leid zu Gott stehen, so gebraucht er es, um uns auf größere Aufgaben vorzubereiten. Und hier denke ich auch an die Rolle, die das Leiden im Leben von Jesus Christus gespielt hat, um ihn auf weitere, noch viel schwerere Aufgaben vorzubereiten. Im Brief an die Hebräer 2,10 heißt es: „So ist es auch kein Widerspruch, dass Gott – für den alles geschaffen wurde und durch den alles ist – seinen Sohn durch das Leiden am Kreuz zur Vollendung gelangen ließ.“ Die Worte „zur Vollendung gelangen“ beziehen sich nicht auf eine Vollendung ohne Sünde. Das würde in diesem Fall keinen Sinn ergeben, da Christus immer ohne Sünde war. Die Worte bedeuten vielmehr, „zur Vollständigkeit oder Reife bringen“. Mit anderen Worten, Jesus Christus wurde in seinem Mensch-Sein darauf vorbereitet, der vollendete Retter zu werden (so, wie ein Retter sein sollte), indem er verschiedene Leiden ertragen musste, sogar unmittelbar bevor er gekreuzigt wurde. Wenn Gott Jesus Christus durch das Leiden darauf vorbereitet hat, unser Retter zu werden, so kann er das Leiden sicherlich auch dazu gebrauchen, uns für eine größere Aufgabe vorzubereiten.

Gott nutzt Schmerz und Leid auch, um uns auf weitere Prüfungen einzustellen. Eine schwierige Prüfung ertragen zu haben, rechtfertigt noch nicht die Annahme, dass wir nun für den Rest unseres Lebens genug Leid erlebt hätten. Da wir in einer gottlosen Welt leben, müssen wir damit rechnen, mit weiterem Leiden konfrontiert zu werden. Ja, es können sogar noch schwerere und noch härtere Prüfungen auf uns zukommen. Wären sie früher gekommen, hätten sie uns vielleicht zerstört, aber Gott bereitet uns in seiner Güte und Barmherzigkeit auf jede neue Bewährungsprobe vor. Ein Teil dieser Vorbereitung besteht im Erleben und Durchhalten von Leid und schmerzvollen Erfahrungen.

Diejenigen, die Gott in schweren Zeiten treu bleiben, ermutigen damit andere, ebenfalls treu zu bleiben, wenn sie in Schwierigkeiten geraten.

Denken Sie an Abraham. Stellen Sie sich vor, dass er bei seiner ersten Begegnung mit Gott aufgefordert worden wäre, seinen Sohn Isaak zu opfern. Das wäre für ihn zweifellos eine Überforderung gewesen. Gott kannte ihn, und so führte er ihn langsam durch andere Krisen an diese schwerste Bewährungsprobe heran. Vertrauen und Geduld können – wie andere christliche Tugenden – wachsen und sich entwickeln. Gott hilft und unterstützt uns darin, diese Tugenden zu entwickeln, indem er uns hilft, Krisen erfolgreich zu bestehen. Er weiß genau, wie viel wir im Moment ertragen können. Gott will uns auf die Gnade vorbereiten, die er uns schenken will, um den kommenden Herausforderungen zu begegnen. Das gehört zu seinem Plan.

Das Leiden eines Christen dient auch dazu, ihn darauf vorzubereiten, dass sein Tun einmal beurteilt werden wird. In 1. Petrus 1,7 heißt es, dass die Prüfungen den Gläubigen auf das Wiederkommen Christi vorbereiten. Wenn Christus wiederkommt, so wird sich jeder einzelne Gläubige für das verantworten müssen, was er in seinem Leben getan hat (1. Korinther 3,10-15, 2. Korinther 5,10). Wenn sich sein Glaube bewährt hat, so wird dem Betroffenen Lob, Preis und Ehre zuteil.

Der Zusammenhang zwischen Leiden und Belohnung ist vielleicht nicht so eindeutig zu erkennen, aber das lässt sich erklären. Wenn wir Prüfungen bestehen, so werden wir Jesus Christus ähnlicher und das verändert unser Leben, so dass wir viele Dinge tun, die Christus gefallen. Im Gericht wird es sich dann deutlich zeigen, dass wir unser Leben mit Gold, Silber und kostbaren Steinen gebaut haben und nicht mit Holz, Schilf oder Stroh (1. Korinther 3,12-15). Für ein solches Leben, das Gott gefällt, wird es eine Belohnung geben. Und so sollten wir schwere Zeiten nicht als Zeichen von Gottes Unwillen sehen, sondern erkennen, dass Gott uns damit auf den Tag seiner Wiederkunft vorbereitet, an dem dann unser Leiden die Grundlage für seinen gerechten Lohn sein wird.

Überdies könnte Gott unsere Leiden auch dazu benutzen, uns letzten Endes zu erheben und zu ehren. Petrus beschreibt einige Male diesen Zusammenhang von Leiden und Ehre (1. Petrus 1,6-7,11,21; 2,12,19-21; 3,9,14-22; 4,1,4,12-16,19; 5,1-6,9-10). Die Botschaft ist klar: Diejenigen, die bei Gott einen wichtigen Platz einnehmen wollen, müssen zunächst erniedrigt werden. Petrus schreibt: „Deshalb beugt euch in Demut unter Gottes mächtige Hand. Gott wird euch aufrichten, wenn seine Zeit da ist.“ (1. Petrus 5,6) Eine leidvolle Erfahrung ist sicher geeignet, uns Demut zu lehren, aber unabhängig davon, wie oft wir gedemütigt wurden, Leiden um der Gerechtigkeit willen ist eindeutig der Beginn unserer Belohnung. Christus selbst ist ein sehr schönes Beispiel für diese Tatsache (1. Petrus 2,22; vgl. Philipper 2,5-11). Wenn wir an Gottes Herrschaft teilhaben wollen, müssen wir seinem Beispiel folgen und bereit sein, auch Leiden auf uns zu nehmen.

Und letztendlich gebraucht Gott unsere Lasten und Leiden als ein Mittel, um uns zu ihm zu holen. Am Ende unseres Lebens wird unsere letzte Prüfung uns in Gottes Gegenwart bringen. Das klingt vielleicht nicht sehr verlockend, aber das kommt wohl daher, weil wir nicht wirklich nach Philipper 1,21 leben: „Denn Christus bedeutet für mich alles, er ist mein Leben. Deshalb kann das Sterben für mich nur Gewinn sein.“ Ich bin nicht der Meinung, dass wir uns auf das Sterben freuen sollten oder dass der Tod selber etwas Gutes ist. Die Gründe dafür, dass wir sterben müssen (die Sünde) und das Sterben selbst sind nicht gut. Aber für den Christen ist der Tod das Tor zur ewigen Gemeinschaft mit Gott. Deshalb ist der Tod eines Christen nicht notwendigerweise ein Zeichen von Gottes Unbarmherzigkeit. Ein Leiden, das zum Tode führt, kann genauso gut Gottes Weg sein, einen Menschen zu sich zu holen.

Damit ist meine Liste vom Nutzen des Leidens vollständig. Zum richtigen Zeitpunkt kann der eine oder andere Gedanke eine Hilfe sein, um zu verstehen, warum Gott es zulässt, dass auch die Gläubigen nicht vor Unheil bewahrt bleiben. Möglicherweise trifft in einem speziellen Fall keiner der hier genannten Punkte zu. Aber wenn ein Mensch Leiden ertragen muss und darüber erzürnt, dass Gott diese Prüfung zulässt, so wird ein Blick auf die verschiedenen Aspekte, warum das

Leiden von Nutzen sein kann, die Gefühle der Ohnmacht und der Wut des Leidenden mildern. Es ist natürlich manchmal nicht möglich, genau zu erklären, warum Gott das Leiden in einer bestimmten Situation zulässt. Vielleicht will er uns nur daran erinnern, dass seine Wege für uns unergründlich sind. An einem bestimmten Punkt ist es einfach wichtig zu akzeptieren, dass Gott Gott ist und dass er einige Dinge weiß, die uns verschlossen bleiben.

Wenn wir an Gottes Herrschaft teilhaben wollen, müssen wir seinem Beispiel folgen und bereit sein, auch Leiden auf uns zu nehmen.

Der Leidende kämpft möglicherweise noch mit einer anderen Frage. Der Nutzen, den Leiden bringen kann, zeigt uns, dass Gott in der Lage ist, aus kurzfristigem Unheil langfristig etwas Gutes zu machen. Aber sollte ein allmächtiger Gott dann nicht auch in der Lage sein, aus kurzfristig Gutem etwas langfristig Gutes zu machen? Und wenn er dazu in der Lage ist, warum tut er es dann nicht? Die Bibel gibt uns darauf keine Antwort, und wir werden die Antwort wohl auch erst erfahren, wenn wir Gott von Angesicht zu Angesicht gegenüberstehen.

Ich kann jedoch Vermutungen anstellen, was zumindest zum Teil der Grund Gottes sein könnte, aus kurzfristig Gutem nicht langfristig Gutes werden zu lassen. Meine Vermutung ist: Gott möchte unser Leben beeinflussen, damit wir seine guten Ziele erreichen. Wir haben gesehen, dass er uns in vielen Situationen etwas zeigen möchte. Aber man kann jemandem nur etwas weitergeben, wenn dieser einem auch seine Aufmerksamkeit schenkt. Durch Leid werden wir wie kaum in einer anderen Situation zur Aufmerksamkeit gezwungen. Gott ist es sicherlich möglich, aus kurzfristig Gutem etwas langfristig Gutes entstehen zu lassen, aber wenn wir nur Gutes erfahren, so neigen wir dazu, sehr schnell überheblich zu werden. Wir würden Gott wahrscheinlich keine Aufmerksamkeit mehr schenken. Und wenn doch, so würde das, was Gott uns durch unsere Erfahrungen lehren will, möglicherweise schnell wieder in Vergessenheit geraten.

Ist dies immer der Grund dafür, warum Gott langfristig Gutes nur aus kurzfristigem Unheil macht und nicht auch aus kurzfristig Gutem? Ganz sicher weiß es nur er allein. Aber wenigstens ist diese Vermutung ein möglicher Grund dafür, warum Gott das Leiden gebraucht, um seine Ziele zu erreichen.

Wir bitten Gott oft darum, uns vor Leiden und Prüfungen zu bewahren. Und wenn er dann unsere Bitten nicht erhört, ist es nicht schwer, ärgerlich zu sein und sich zu fragen, warum Gott uns nicht antwortet. Andererseits, wenn wir die Tatsache ernst nehmen, dass unsere Welt verloren ist und dass wir uns in einem Krieg mit Mächten befinden, die nicht von dieser Welt sind, so verstehen wir eher, warum Gott unser Leiden nicht immer sofort beendet. Und bevor wir darum bitten, von dem Kampf verschont zu bleiben und von den Wunden, die uns dadurch zugefügt werden, sollten wir doch einmal auf den weisen Rat von Phillip Brooks hören:

Bete nicht für ein leichtes Leben; bete dafür,
stark zu werden.
Bete nicht für Aufgaben, die deinen Kräften entsprechen;
bete dafür, dass du die Kraft zur Bewältigung
deiner Aufgaben bekommst.
Dann ist das Erledigen deiner Arbeit kein Wunder,
sondern das Wunder bist du selbst.
Du sollst jeden Tag staunen über dich selbst,
staunen über den Reichtum deines Lebens,
der dir aus Gottes Gnade geschenkt worden ist.

9. Von Gott getäuscht?

Seit dem verhängnisvollen Tag, an dem wir von Pats furchtbarer Krankheit erfahren haben, sind nun über zehn Jahre vergangen. Der Stress und die Schmerzen, die mich anfangs Tag und Nacht verfolgt haben, sind größtenteils überwunden, jedoch nicht gänzlich verschwunden. In dem Maße, wie sich Pats Zustand verschlechtert, entstehen neue Frustrationen und neues Leid, genauso wie es immer neue Aspekte der Krankheit gibt, mit denen wir uns auseinander setzen müssen.

Auch wenn Pat nicht mehr da wäre, der Schmerz würde bleiben. Für die schrecklichen Verletzungen, die wir in uns tragen, gäbe es dann lediglich einen weiteren Grund. Immer wieder mal höre ich von jemandem, dem plötzlich und unerwartet der Ehepartner gestorben ist. Ich habe mich manchmal gefragt, was für mich einfacher gewesen wäre, Pat ganz plötzlich zu verlieren oder so langsam, wie es jetzt der Fall ist. Und obwohl eines so schlimm ist wie das andere, bin ich doch zu der Überzeugung gekommen, dass Gott gnädig ist mit dem, was er uns zumutet. Es ist für mich nicht angenehm, mitansehen zu müssen, was mit Pat geschieht, aber nur drei Viertel oder die Hälfte von dem zu haben, was meine Frau einmal war, ist immer noch besser, als sie überhaupt nicht mehr zu haben. Und welchen Weg Gott auch immer für jeden von uns bereit hält, wir wissen doch, dass er uns die nötige Gnade gibt, ihn auch zu gehen.

Trotz allem, was ich durch diese Erfahrungen gelernt habe, und trotz aller Ermutigungen, die mir zuteil wurden, habe ich es in den Jahren als besonders qualvoll erlebt, wie das alles gekommen ist. So hatte ich mir mein Leben sicherlich nicht vorgestellt. Wie ich schon erwähnte, ist das, was ich am wenigsten einordnen kann, dass ich doch anscheinend die Wahl gehabt habe – ich hätte Pat ja nicht heiraten müssen.

Und als wir dann verheiratet waren, hätten wir keine Kinder bekommen brauchen. Für mich sieht es so aus, als hätte ich meine Entscheidung unter Vorspiegelung falscher Tatsachen getroffen. Ausgehend von dem Wissen um Gottes Leiten, wählte ich für mich ein bestimmtes Leben – aber wie sich herausstellte, hatte ich genau das bekommen, was ich auf jeden Fall vermeiden wollte. In der Tat wurde mir etwas aufgebürdet, das meine schlimmsten Alpträume übertraf.

Lange Zeit war ich gekränkt und gepeinigt von der Vorstellung, dass Gott mich irgendwie getäuscht hatte, als ich Pat heiratete, indem er mir Informationen vorenthielt, mit denen ich meine derzeitige Situation hätte verhindern können. Für mich stellte sich auch die Frage nach Gottes Willen, wie viel wusste ich darüber, wie konnte ich ihn erfüllen. War es vielleicht in Wirklichkeit nicht der Wille Gottes gewesen, dass Pat und ich heirateten und wir Kinder bekamen? Sollte ich mich in Gottes Plan für mein Leben so sehr getäuscht haben? Oder wollte Gott, dass ich Pat heirate, und ist es denn überhaupt denkbar, dass man betrogen wird, wenn man Gottes Wegen folgt?

All diese Fragen haben mich in den Jahren am meisten beschäftigt und verwirrt, und sie haben einen Keil in meine Beziehung zu Gott getrieben, so etwas hatte ich noch nie zuvor erlebt. In meinem Elternhaus galt es sehr viel, die Wahrheit zu sagen. Wenn man sich auf unser Wort nicht verlassen kann, was sind wir dann eigentlich wert? Das ist ein ganz wesentlicher Maßstab dafür, wie ich mein Leben verstehe. Und so hat es mich natürlich nachhaltig erschüttert, dass Gott, der doch die Wahrheit verkörpert, mich getäuscht haben soll!

Trotz der vielen guten Dinge, die ich über Gott gelernt hatte, wurde mir klar, dass ich mich erst wieder mit Gott versöhnen würde, wenn ich auf all das eine Antwort gefunden hätte. Nachdem ich viele Jahre lang um eine Antwort gerungen hatte und mein Zorn auf Gott langsam nachließ, kam ich an den Punkt, wo ich herausfand, was wirklich mit mir geschehen war.

War ich also von Gott getäuscht worden? Mir wurde klar, dass ich tatsächlich getäuscht worden war. Aber nicht von Gott. Obwohl es sehr schwer ist, die Verantwortung für so einen entscheidenden Fehler bei sich selbst zu suchen, hatte ich erkannt, dass ich mich selbst getäuscht hatte. Meine Herkunft und die Umstände, die zur Heirat mit Pat führten, verleiteten mich dazu, ein Leben ohne große Probleme zu erwarten. Aber für Gott war dies eben nicht der einzig mögliche Weg, den er für Pat, mich und unsere Kinder bereit hielt. Lassen Sie mich das erklären.

Mir wurde klar, dass ich tatsächlich getäuscht worden war. Aber nicht von Gott.

Die Krankheit meiner Mutter und die damit verbundene Belastung für meinen Vater und seinen Dienst in der Gemeinde verfestigten bei mir die Vorstellung, dass jemand, der vollzeitlich in der Gemeinde arbeiten will, dies am besten mit einer gesunden Frau und gesunden Kindern tun könne. Ich wusste, dass mich Gott dazu berufen hatte, ein Lehramt anzustreben und zu predigen. Ich schloss daraus, dass Gott mir in meiner Ehe einen Menschen zur Seite stellen würde, der gesund war oder zumindest nicht so angegriffen, dass er den Dienst, den Gott mir zugedacht hatte, gefährden würde. Dies schien mir logisch und vernünftig.

Als ich verschiedene Frauen kennen lernte und auch ans Heiraten dachte, hatte sich diese Vorstellung in meinem Kopf so festgesetzt, dass für mich eine andere Möglichkeit gar nicht denkbar war. Jemand, der in einer Alkoholikerfamilie aufwuchs, wird beispielsweise sehr darauf bedacht sein, selbst keinen Alkoholiker zu heiraten. Aus dem was ich aus der Erfahrung meines Vaters gelernt hatte, wusste ich, dass es nicht ausgeschlossen war, auch mit einer Frau, deren

Gesundheit angegriffen war, ein Amt in der Gemeinde sinnvoll auszufüllen. Aber ohne eine solche Belastung wäre es sicher viel einfacher. Gott wusste das und ich auch. Ich dachte, wenn ich mir die Sache reiflich überlege und auf Gott höre, wird er mir sicher keine Ehefrau schenken, deren Gesundheit mir bei der Arbeit, die er mir anvertraut hatte, im Wege stünde.

Als Pat in mein Leben trat und unsere Beziehung sich entwickelte, beschäftigten wir uns intensiv mit der Frage, wie wir Gottes Willen erfüllen könnten. Wir dachten dabei nicht in erster Linie an die Gesundheit, sondern daran, wie unvereinbar die Aufgaben waren, zu denen Gott uns jeweils berufen hatte – das jedenfalls glaubten wir. Gott löste dieses Problem auf eine Art und Weise, die keiner von uns erwartet hatte. Das zeigte uns, dass wir auch gemeinsam unseren Aufgaben nachkommen konnten, ohne dass dies auch nur im Geringsten ein Widerspruch zu dem darstellte, was er für unser Leben wollte. Die einzige Frage, die für uns damals noch zu beantworten war, betraf Pats Gesundheit. Aber zu diesem Zeitpunkt gab es keinen Anlass zur Beunruhigung. Es gab keinerlei Anzeichen für das, was uns später zustieß, und man hatte uns versichert, dass die Krankheit von Pats Mutter nicht an Pat weitervererbt werden würde.

Meine Liebe zu Pat, meine Überzeugung, ich bräuchte eine gesunde Frau, die Versicherung, dass Pat die Krankheit ihrer Mutter nicht bekommen würde und die deutliche Führung Gottes bezüglich unserer jeweiligen Aufgaben in der Gemeinde ließen mich zu dem Schluss kommen, dass es Gottes Wille sei zu heiraten. So zu denken ist vernünftig, es ist eine Schlussfolgerung, die aufgrund von bestimmten Fakten erfolgte.

In einem solchen Fall schließt man von bekannten Fakten auf eine Lösung, die zwar unbekannt ist, die sich jedoch zwangsläufig aus den bekannten Fakten ergibt. Die Bibel sagt uns zum Beispiel eindeutig, dass es nur einen Gott gibt.

Genauso eindeutig spricht sie jedoch von drei unterschiedlichen Personen (Vater, Sohn und Heiliger Geist). In der gesamten Geschichte der Christenheit haben Christen immer wieder daraus geschlossen, dass es richtig sei, Gott als den dreieinigen Gott zu beschreiben. Nirgends in der Bibel finden wir das Wort „Dreieinigkeit“. Trotzdem scheint diese dogmatische Schlussfolgerung unvermeidlich, wenn man das zugrunde legt, was über Gott in der Bibel berichtet wird.

Die Schlussfolgerung, die die Lehre von der „Dreieinigkeit“ begründet, ist natürlich eine richtige Schlussfolgerung, und obwohl diese Lehre mit Sicherheit aus der Bibel entwickelt werden kann, trägt eine Schlussfolgerung immer ein gewisses Risiko des Irrtums in sich. Mit genau den gleichen Informationen kann man auch zu einer ganz anderen Schlussfolgerung kommen. Atheistische Wissenschaftler schließen beispielsweise aus den Fossilienfunden, dass die Entwicklung des Menschen Teil der Evolution sei. Christliche Wissenschaftler hingegen sehen solche Funde als Beweis für die Existenz eines Schöpfers an. Wie kann also eine solche Diskrepanz entstehen, wo doch die Fakten sowohl für Christen als auch für Atheisten die gleichen sind. Dies macht deutlich, wie problematisch eine Schlussfolgerung sein kann.

Und genau so war es bei mir. Aufgrund der Fakten: meiner Vorstellung, dass ich eine gesunde Frau und Familie benötigte, um meine Kraft ganz und gar dem vollzeitlichen Dienst widmen zu können, und der Informationen, die wir zu diesem Zeitpunkt über den Gesundheitszustand von Pat und ihrer Familie hatten, und der Führung Gottes bezüglich unserer jeweiligen Aufgaben in der Gemeinde, und unserer Liebe zueinander, war es völlig logisch, den Schluss zu ziehen, dass wir heiraten sollten. Es war nicht damit zu rechnen, dass uns irgendeine Krankheit einen Strich durch die Rechnung machen würde.

Ich habe aber in den letzten Jahren lernen müssen, dass es

zwar verständlich war, eine solche Schlussfolgerung zu ziehen, und dass sie auch richtig hätte sein können, aber es war eben nicht die einzig mögliche Schlussfolgerung, die man aus den uns vorliegenden Informationen hätte ziehen können. Die Lösungen, zu denen ich kam, waren vernünftig, aber sie entsprachen auch meiner Wunschvorstellung. Und das, was wir uns oft ausmalen, entspricht eben nicht immer dem, was Gott mit uns vorhat, auch dann nicht, wenn wir uns die Dinge so zurechtlegen, wie wir sie haben möchten.

Und das, was wir uns oft ausmalen, entspricht eben nicht immer dem, was Gott mit uns vorhat. Auch dann nicht, wenn wir uns die Dinge so zurechtlegen, wie wir sie haben möchten.

Wo war also mein Denkfehler? Hatte Gott mich wirklich getäuscht? Oder hatte ich aus den Informationen, die mir vorlagen, versehentlich die falschen Schlüsse gezogen? Ich habe mich sicherlich nicht in meiner Liebe zu Pat oder in ihrer Liebe zu mir geirrt. Genauso wenig hatte ich mich darin geirrt, dass Gott uns beide zum vollzeitlichen Dienst berufen hatte und wollte, dass wir heiraten. Ich wusste damals über Pats Krankheit nicht das, was ich heute weiß, aber ist Gott daran Schuld? Ich könnte ihn höchstens dafür verantwortlich machen, dass er mir die Fakten nicht gegeben hat, wenn er dazu verpflichtet gewesen wäre, mir diese vor unserer Heirat zu geben.

Aber warum sollte Gott zu so etwas verpflichtet sein? Lange Zeit meinte ich, dass Gott deshalb dazu verpflichtet gewesen wäre, mich von der möglichen Erkrankung meiner zukünftigen Frau zu informieren, weil ich der Überzeugung war, dass es für die Ausübung meines Berufes wichtig sei, eine gesunde Frau zu haben. Diese Überzeugung, die sich aus den mir damals bekannten Tatsachen ergab, ließ mich den Schritt wagen und Pat heiraten. Ich war mir sicher, dass keine schwer wiegenden gesundheitlichen Probleme auf uns warten würden.

In diesem Glauben gab ich mich der Täuschung hin, ein anderes Leben zu erwarten, als es nun Wirklichkeit geworden ist. Gott wäre verpflichtet gewesen, mich über den Gesundheitszustand meiner Frau zu informieren, wenn ich die Arbeit, zu der er mich berufen hat, durch die Krankheit meiner Frau nicht mehr hätte ausführen können. Aber das ist bis jetzt nicht der Fall. Von den Erfahrungen meines Vaters her wusste ich, dass ein vollzeitlicher Dienst mit einer gesunden Familie einfacher ist. Ich hatte aber auch erlebt, dass es trotz eines kranken Familienmitgliedes möglich ist, die Aufgaben in der Gemeinde gut und sinnvoll auszuführen. Darüber hinaus wurde mir klar, dass Gott einen etwas anderen Dienst für uns vorgesehen hatte, als wir uns das vorgestellt haben, und dass wir diese Aufgabe trotz Pats schwerer Krankheit tun können.

Gott hat mir nie Versprechungen über den Gesundheitszustand meiner Frau gemacht. Ich habe nur einfach erkannt, dass das, was ich mir vorgestellt hatte, was das Beste für jemanden wie mich sei, in mir fälschlicherweise den Glauben weckte, auch Gott würde dem zustimmen. Das war menschlich gesehen zwar logisch, aber trotzdem nicht richtig.

Ja, ich bin getäuscht worden, aber nicht von Gott. Er hat mir nichts Falsches gesagt und mich auch nicht in die Irre geführt. Er war nicht dazu verpflichtet, mich davon in Kenntnis zu setzen, dass bei Pat die Gefahr bestand, die Huntingtonsche Krankheit zu bekommen.

Ich habe jetzt oft erwähnt, dass ich den Eindruck hatte, von Gott getäuscht worden zu sein. Ich habe dies aus verschiedenen Gründen getan. Zum einen ist dies ein ganz wichtiger Teil meiner eigenen Geschichte. Darüber hinaus war es für mich und meine Beziehung zu Gott wichtig, diese Frage zu klären, damit ich wieder eine positive Einstellung zu Gott bekommen konnte. Mir über dieses Thema Klarheit zu verschaffen, löste für mich ein zentrales, verstandesmäßiges Problem, das meinen emotionalen und seelischen Schmerz nur noch verstärkt hat. Was mit Pat geschehen ist und immer noch geschieht, schmerzt weiterhin, aber meine Frustration und mein Ärger über diese ganze Situation sind zumindest nicht mehr gegen Gott gerichtet. Glauben Sie mir, es ist ein sehr ungutes Gefühl, auf die einzige Person ärgerlich zu sein, die in der Lage ist, mein Problem zu lösen. Und ich danke Gott dafür, dass ich mich nun wieder besser fühle und mein Zorn vergangen ist.

Ich habe auch deswegen ausführlich darüber berichtet, weil ich hoffe, dass es anderen Menschen eine Hilfe ist. Kein Schicksalsschlag lässt sich natürlich genau mit meinem vergleichen, aber es ist trotzdem gut, sich daran zu erinnern, wie leicht man eine Vorstellung von Gott und seinem Willen aufbaut, die auf falschen Schlussfolgerungen beruht. Bevor man auf die Umstände schaut und daraus schließt, dass man von Gott getäuscht wurde, sollte man daran denken, dass diese Schlussfolgerung unter Umständen nicht die einzig mögliche ist. Es ist vielleicht denkbar, dass Sie die Fakten falsch ausgelegt haben. Bevor man Gott beschuldigt, etwas nicht getan oder falsch getan zu haben, sollte man die Fakten erneut prüfen und sich vergewissern, dass man sie richtig ausgelegt hat. Wenn man dann gründlich und genau prüft, so wird man sicherlich erkennen, dass Gott keine Schuld trifft.

Und was ist mit der anderen Frage, die zu Beginn dieses Buches gestellt wurde? Ist es möglich, dass man nach Gottes Willen fragt, ihn erkennt und danach handelt und sozusagen als Reaktion darauf mit einer schweren Prüfung beladen wird? Wenn damit gemeint ist, ob Gott auf unseren Gehorsam damit reagiert, dass er uns als Strafe eine Prüfung schickt, so heißt die Antwort eindeutig nein. Gott schickt uns nicht Leiden als Bestrafung dafür, dass wir seinen Willen tun. In der Bibel wird ausführlich dargelegt, dass derjenige, der Gottes Willen tut, dafür ausschließlich Gnade erfährt. Der Gott der

Bibel ist kein böser Dämon, der uns für unseren Gehorsam mit Leid und Schmerzen entlohnt.

Aber hinter dieser Frage steckt mehr als das oben Gesagte. Gott bestraft uns zwar nicht dafür, dass wir seinem Willen gehorchen, aber wenn wir nach Gottes Willen handeln, heißt das nicht automatisch, dass er uns ein Leben ohne Prüfungen schenkt. Das klingt paradox, aber das ist es nicht. Gott schickt uns Prüfungen nicht als Bestrafung für unseren Gehorsam, wenn wir uns jedoch treu zu Gott halten, wird dies dem Teufel nicht gefallen. Der Widersacher zeigt seinen Verdruss dann oft, indem er das Volk Gottes leiden lässt. Die Wahrheit ist aber: Je mehr wir nach Gottes Willen handeln, desto mehr gewinnen wir die Oberhand über den Versucher. Also je mehr wir Gottes Willen gehorchen, desto mehr wird uns der Satan attackieren, indem er uns entmutigt und versucht, uns von Gottes Zielen abzubringen.

Ja, wir werden auch dann leiden, wenn wir nach Gottes Willen handeln, aber die Leiden kommen nicht als Strafe aus Gottes Hand. In der Bibel heißt es sehr deutlich, dass diejenigen, die Gott folgen, gegen die Mächte des Bösen kämpfen müssen, die in dieser gottlosen Welt herrschen (Epheser 6,12, 1. Petrus 5,8-9). Der Teufel wird alles daran setzen, uns und unseren Glauben zu zerstören, aber das Buch Hiob sollte uns Mut machen, denn der Widersacher kann nichts tun, was Gott nicht weiß, zulässt und steuert. Wir kämpfen in einem geistlichen Kampf. Sind wir wirklich der Meinung, dass wir einen Kampf führen können, ohne verwundet zu werden?

Ich bin dieser Meinung gewesen. Ich hätte nie damit gerechnet, so schwer verwundet werden zu können, wie das mit uns geschehen ist. Ich musste jedoch einsehen, dass meine Erwartung völlig unrealistisch war. Der Feind existiert tatsächlich und er greift diejenigen, die Gott folgen, auf sehr unterschiedliche Arten an. Wenn uns klar ist, dass wir verwundbar sind, so heißt das zwar nicht automatisch, dass die

Wunden weniger schmerzhaft sind, aber wir können das Geschehene dann besser einordnen. Vielleicht hoffen wir darauf, von dem Kampf ausgenommen zu sein, aber das ist nicht möglich. Vielleicht denken wir auch darüber nach, zur anderen Seite überzulaufen, so wie das viele tun, die mit einem Schicksalsschlag konfrontiert werden; aber diese Alternative ist keine Antwort auf unsere Probleme, nicht für heute und auch nicht für die Ewigkeit.

Ich vertraue darauf, dass das, was ich geschrieben habe, den Betroffenen eine Hilfe ist und auch denjenigen weiterhilft, die einem Leidtragenden beistehen. Es war für mich nicht einfach, dieses Buch zu schreiben, und ich würde alles darum geben, diese Erfahrungen nicht gemacht haben zu müssen. Aber wenn Ihnen dieses Buch helfen sollte, so war es diese Anstrengung wert.

Für mich und meine Familie ist die Geschichte noch nicht zu Ende. So, wie es bereits einige Überraschungen in meinem Leben gegeben hat (manch angenehme und manch unangenehme), so hält Gott wahrscheinlich noch andere Überraschungen bereit. Tut es mir leid, dass ich Pat geheiratet und Kinder bekommen habe? Ich kann diese Frage in vielerlei Hinsicht nicht beantworten. Ob ich Pat geheiratet hätte, wenn ich damals von ihrer Krankheit gewusst hätte – ich weiß es nicht. Wäre mir damals schon bekannt gewesen, was ich heute weiß, dann hätte ich vielleicht nie erfahren, welch ein Geschenk sie und unsere Söhne sind. Würde ich diesen unglaublichen Segen zurückweisen, um den Prüfungen zu entgehen, die wir durchgemacht haben? Wie könnte man so verrückt sein, selbst wenn man hoffen würde, dass einem ein leichteres Leben oder vielleicht sogar ein Leben ohne Leiden garantiert sei?

Ja, wir werden auch dann leiden, wenn wir nach Gottes Willen handeln, aber die Leiden kommen nicht als Strafe aus Gottes Hand.

Einige Dinge weiß ich mit Sicherheit. Ich weiß, dass ich Gott für meine Frau und meine Familie immer und ewig danken werde und ebenso für meinen Beruf, den uns Gott trotz (oder vielleicht wegen) der vielen Unwegsamkeiten hat wahrnehmen lassen. Ich weiß auch, dass wir weiter Gottes Hilfe und Fürsorge brauchen werden, wenn die Wunden des geistlichen Kampfes, den wir alle führen, wieder aufreißen, und sie werden aufreißen. Und ich bin so froh und dankbar, dass er uns diese Hilfe und Unterstützung trotz unseres Verhaltens zusagt, und auch dann noch, wenn wir ihn anklagen und ihm Fehlverhalten vorwerfen.

Nachwort von Patricia S. Feinberg

Ich möchte Ihnen gerne erzählen, was Gott in meinem Leben getan hat. Als mein Bruder und ich aufwuchsen, litt meine Mutter unter einer mysteriösen Krankheit. Mir waren weder der Name noch sonst irgendwelche Einzelheiten dieser Krankheit bekannt, darüber wurde mit uns nicht gesprochen. Ich war der Meinung, es sei eine Geisteskrankheit, denn die meisten Symptome, unter denen meine Mutter litt, wiesen darauf hin. Erst viel später erfuhren wir, dass es sich um die Huntingtonsche Krankheit handelte.

Meine Familie war nicht von Anfang an eine christliche Familie, aber Gott hat sowohl in meiner Mutter als auch in mir den Wunsch geweckt, ihn kennen zu lernen. Meine Mutter hat eine Zeit lang als Kosmetikvertreterin gearbeitet und lernte dabei eine Frau kennen, die Christin war. Diese Freundin lud meine Mutter zu einem Bibelkreis ein, dort kam sie zum Glauben. Der Pastor dieser Gemeinde besuchte uns zu Hause und sprach mit meinem Vater, der dann auch Christ wurde. Auch mein Bruder und ich fanden den Weg zu Gott, nachdem wir mit einem Missionskandidaten aus der Gemeinde in Kontakt gekommen waren.

Ich war damals neun Jahre alt. Nachdem ich Gott als meinen Herrn angenommen hatte, begann ich, Bibel zu lesen und in die Kirche zu gehen. Die Kirche nahm im Laufe der Jahre einen immer wichtigeren Platz in meinem Leben ein. Der Jugendpfarrer in unserer Gemeinde, der eine Zeit lang als Missionar in Afrika gelebt hatte, beeindruckte mich sehr stark. Als er bei einer Missionskonferenz predigte und die jungen Leute eingeladen wurden, Jesus mit ihrem ganzen Leben nachzufolgen, legte ich mein Leben ganz neu in Gottes Hand und war bereit, alles zu tun, was er von mir wollte. Ich dachte, er wollte mich für die Arbeit in der Mission haben, und so bereitete ich mich darauf vor. Ich ging auf ein College, das einen guten Ruf hatte, junge Missionare auf ihren Einsatz optimal vorzubereiten. Nach dem Abschluss bewarb ich mich bei einigen Missionsgesellschaften, wurde jedoch abgelehnt. Ich kehrte also wieder zurück ins College und begann, Theologie zu studieren. Eine solche Ausbildung würde mir bei der Missionsarbeit sicher nützlich sein, und ich war überzeugt, dass Gott mir nach dieser zusätzlichen Ausbildung die Gelegenheit geben würde, in die Mission zu gehen.

Während des Theologiestudiums schloss ich mich einem Gebetskreis an; wir beteten auch dafür, dass Gott uns doch zum richtigen Zeitpunkt einen Ehemann schicken möge, wenn er wollte, dass wir heiraten. Eine meiner Freundinnen war mit einem Studenten eines Predigerseminars befreundet und arrangierte für mich ein Treffen mit einem anderen Studenten. Das Ergebnis war, dass John und ich uns nicht nur einmal trafen, wir sahen uns nun öfter. Unsere Beziehung wuchs und Gott zeigte uns, dass wir heiraten sollten. Wir waren uns sicher, dass Gott uns zusammengeführt hatte. Nachdem wir einige Jahre verheiratet waren, schenkte Gott uns drei Jungen, die uns sehr glücklich machten.

Ich war eine glückliche Mutter und versuchte meinen Mann in seinem Dienst nach Kräften zu unterstützen, als ich im Herbst 1987 erfuhr, dass ich an einer genetisch veranlagten, neurologischen Krankheit litt, die man Huntingtonsche Krankheit nennt. Sie verursacht die frühzeitige Zerstörung von Gehirnzellen, und dies kann ernsthafte geistige und körperliche Störungen zur Folge haben. Außerdem wird die Lebenserwartung deutlich herabgesetzt. Obwohl ich, als ich von der Krankheit erfuhr, sehr geschockt war, so wusste ich auch, dass man, auch wenn man gesundheitliche Probleme hat, Gott für seine Gegenwart und Kraft inmitten dieser Sorgen danken sollte, statt verbittert zu sein. Und ich wusste, dass ich dies tun sollte, egal, ob mir danach war oder nicht; also dankte ich Gott auf dem Weg vom Arzt zurück nach Hause. Ich hielt mich an Paulus, der im ersten Thessalonicherbrief 5,18 schrieb: „Vergesst auch nicht, Gott für alles zu danken. Denn das erwartet Gott von seinen Kindern." Wie schlimm die Umstände auch sind, Gott ist immer noch da, und er lenkt alles, was geschieht. Er ist seinem Wort treu. Deshalb sollten wir ihm dankbar sein, und das war ich auch – jeden Tag.

Die nächsten Monate waren sowohl für John als auch für mich sehr schwer, wir mussten erst einmal lernen, unsere neue Situation zu akzeptieren. Für mich war es sehr hilfreich, die Psalmen zu lesen und jede Stelle aufzuschreiben, die Gottes Stärke in schweren Zeiten zum Thema hatte. Die wichtigste war für mich Psalm 46: „Gott ist unsere Zuflucht und Stärke, ein bewährter Helfer in allen Nöten." Gott hat diesen Vers in meinem Leben Wirklichkeit werden lassen. Ich vertraue auf seine Gegenwart, auch mitten in dieser schweren Krankheit.

Ich habe versucht herauszufinden, was Gott mir damit sagen will und was er von mir erwartet. Auf jeden Fall hat er mir ganz deutlich gemacht, dass ich wie Ton in seinen Händen bin. So, wie Paulus im Brief an die Römer (9,20) sagt: „Wer seid ihr denn eigentlich, ihr Menschen, dass ihr meint, Gott zur Rechenschaft ziehen zu können? Glaubt ihr wirklich, dass sich der Schöpfer vor seinen Geschöpfen verantworten muss?" Gott hat das Recht, mit mir zu tun, was er will. Was für ein Recht habe ich, mich zu beklagen?

Als Teenager habe ich mein Leben in Gottes Hände gelegt, er bestimmt mein Leben – ohne Einschränkungen. Und obwohl das, was geschehen ist, nicht meinen Vorstellung entspricht, habe ich kein Recht mich zu beklagen. Ich habe ihm die Verfügungsgewalt über mein Leben gegeben. Statt zu klagen, ist es vielmehr meine Pflicht, Gott dafür zu danken, dass er seinen Willen in meinem Leben durchsetzt.

Gott hat mir durch meine Krankheit auch deutlich gemacht, dass Leben und Tod sehr nah beieinander liegen und dass es wichtig ist, aus der Zeit, die mir noch bleibt, das Beste zu machen. Wir denken immer, wir hätten noch genug Zeit, das zu tun, was Gott von uns erwartet. Oft nehmen wir uns vor, ihm zu dienen, aber eben lieber morgen als heute. Meine Erfahrung ist ein lebendiger Beweis dafür, dass es keine Garantie gibt, wie lang unser Leben dauert und wie es sich gestalten wird. Wozu immer uns Gott auch ruft, um sein Reich zu bauen, wir sollten es heute tun, nicht morgen.

Statt zu klagen, ist es vielmehr meine Pflicht, Gott dafür zu danken, dass er seinen Willen in meinem Leben durchsetzt.

Eine weitere Bibelstelle, die Gott mir wichtig werden ließ, steht im 2. Korintherbrief 1,3-4: „Gepriesen sei Gott, der Vater unseres Herrn Jesus Christus, der Vater voller Barmherzigkeit, der Gott, der uns in jeder Not tröstet! In allen Schwierigkeiten ermutigt er uns und steht uns bei, so dass wir auch andere trösten können, die wegen ihres Glaubens zu leiden haben. Wir trösten sie, wie Gott auch uns getröstet hat." Der Herr hat mich so getröstet, dass es mir ein Anliegen ist, Wege zu finden, diesen Trost mit anderen zu teilen.

Meine Krankheit hat mir auch die Gelegenheit gegeben, ein lebendiges Zeugnis meines Glaubens zu sein. Eine Gelegenheit bot sich John und mir gegenüber meiner jüdischen Neurologin. Bei einem unserer Besuche fragte sie ganz offen, wie es käme, dass John mit seinem jüdischen Nachnamen an einer christlichen Universität lehrte. Er erklärte ihr, warum seine Familie vom Judentum zum Christentum übergetreten ist und konnte ihr auf diese Weise etwas von seinem Glauben weitergeben. Sie war auch sehr überrascht darüber, wie gelassen wir mit der Krankheit umgingen.

Für mich ist es ein Zeichen von Gottes Gnade, dass sich

mein Gesundheitszustand einige Jahre lang nur sehr langsam verschlechtert hat. Das hat die Ärzte von Anfang an erstaunt, und dies bot uns eine weitere Gelegenheit, von unserem Glauben Zeugnis abzulegen. Immer wenn jemand sein Erstaunen zum Ausdruck brachte, berichteten wir über unseren Glauben und darüber, dass die Krankheit und mein Leben in Gottes Hand liegen. Ich bin davon überzeugt, dass der Verlauf meiner Krankheit das Ergebnis von Gottes Eingreifen ist.

Ich weiß nun schon seit einigen Jahren, dass ich die Huntingtonsche Krankheit habe. Gott hat mir die ganze Zeit beigestanden, und ich danke ihm für seine Liebe, seinen Trost und seine Treue. Ich hoffe, dass ich Ihnen mit diesen Worten Mut und Trost zusprechen konnte. Denjenigen, die leiden, sei gesagt: Gott allein genügt!

Paul Powers

Spurwechsel

Die bewegende Lebensgeschichte von Paul Powers
200 Seiten. ABCteam-Geschenkband.
Fester Einband. Bestell-Nr. 3-7655-1160

Die Müllkippe in der Armeleutegegend von Sarnia/Ontario ist Pauls Spielplatz. An deren Gestank hat er sich gewöhnt, nicht aber an seinen herzlosen, ständig betrunkenen Vater. Die Straßengang wird zu Pauls Familie und der Haß auf den Vater sein Lebensgefühl. Zunächst sind es nur kleine Diebstähle, später Einbrüche und ein bewaffneter Überfall. Es folgen Erziehungsanstalten, Ausbruchsversuche, brutale Schlägereien ... Schließlich kommt es zu einem überraschenden Neuanfang. Doch damit ist noch nicht alles gut.
Margret Fishback Powers hat den Mut aufgebracht, einen Mann mit einer solchen Vergangenheit zu heiraten. Beim Verfassen des Gedichts „Spuren im Sand“ wurde ihr klar: Gott wird uns auch in schwierigen Zeiten nicht allein lassen.